essentials

essentials liefern aktuelles Wissen in konzentrierter Form. Die Essenz dessen, worauf es als „State-of-the-Art" in der gegenwärtigen Fachdiskussion oder in der Praxis ankommt. *essentials* informieren schnell, unkompliziert und verständlich

- als Einführung in ein aktuelles Thema aus Ihrem Fachgebiet
- als Einstieg in ein für Sie noch unbekanntes Themenfeld
- als Einblick, um zum Thema mitreden zu können

Die Bücher in elektronischer und gedruckter Form bringen das Fachwissen von Springerautor*innen kompakt zur Darstellung. Sie sind besonders für die Nutzung als eBook auf Tablet-PCs, eBook-Readern und Smartphones geeignet. *essentials* sind Wissensbausteine aus den Wirtschafts-, Sozial- und Geisteswissenschaften, aus Technik und Naturwissenschaften sowie aus Medizin, Psychologie und Gesundheitsberufen. Von renommierten Autor*innen aller Springer-Verlagsmarken.

Weitere Bände in der Reihe http://www.springer.com/series/13088

Andreas Patrzek

Systemisches Fragen

Professionelle Fragekompetenz für
Führungskräfte, Berater und
Coaches

3. Auflage

Springer Gabler

Andreas Patrzek
QUESTICON Institut für Fragekompetenz und
Gesprächsführung
Iffeldorf, Deutschland

ISSN 2197-6708   ISSN 2197-6716 (electronic)
essentials
ISBN 978-3-658-33147-4   ISBN 978-3-658-33148-1 (eBook)
https://doi.org/10.1007/978-3-658-33148-1

Die Deutsche Nationalbibliothek verzeichnet diese Publikation in der Deutschen Nationalbibliografie; detaillierte bibliografische Daten sind im Internet über http://dnb.d-nb.de abrufbar.

Planung/Lektorat: Eva Brechtel-Wahl
Springer Gabler ist ein Imprint der eingetragenen Gesellschaft Springer Fachmedien Wiesbaden GmbH und ist ein Teil von Springer Nature.
Die Anschrift der Gesellschaft ist: Abraham-Lincoln-Str. 46, 65189 Wiesbaden, Germany

Die Intention einer Frage gibt natürlich keine Garantie, dass auch ihre beabsichtigte Wirkung eintritt. Allerdings ist es auch unmöglich, eine Frage zu stellen, ohne etwas zu bewirken. (...) ist jede Frage eine Sonde und der potentielle Auslöser einer generativen Wirkung – das heißt einer substantiellen Veränderung.

Karl Tomm 2009

Da das Verhalten von Menschen nicht von dem bestimmt wird, was andere tatsächlich über sie denken, sondern von dem, was sie denken, was die anderen denken, ... empfiehlt es sich, ganz ungeniert nach Vermutungen und Spekulationen über andere zu fragen.

Simon und Simon 1999

Was Sie in diesem *essential* finden können

- Eine Einführung in zentrale Begriffe und Therorien des systemischen Ansatzes
- Die Einordnung des Systemischen Fragens in ein neues META-Modell des Fragens
- Eine Anleitung zur Konstruktion verschiedener systemischer Fragearten
- Eine Vielzahl von Tipps zur Anwendung systemischer Fragen in verschiedenen Kontexten
- Die Abgrenzung von umfassender Fragekompetenz gegenüber punktuell wirksamer Fragetechnik

Vorwort zur Dritten Auflage

Während in der zweiten Auflage gegenüber dem ursprünglichen Text vorwiegend gestalterische und grafische Veränderungen erfolgten, beinhaltet die nun vorliegende dritte Auflage an einigen Stellen auch inhaltliche Ergänzungen und textliche Neuformulierungen.

Anlass hierfür waren neben zwischenzeitlich erfolgten neuen Veröffentlichen verschiedener Autorinnen und Autoren meine vertiefte Beschäftigung mit ‚alten‘ Quellen und die Integration entsprechender systemtheoretischer Gedanken und Ansätze.

Gleichzeitig verdanke ich auch meinen Kolleginnen und Kollegen sowie den Teilnehmerinnen und Teilnehmern[1] meiner Seminare wertvolle Impulse.

Iffeldorf   Andreas Patrzek
Januar 2021

---

[1]Zugunsten der besseren Lesbarkeit verwende ich im weiteren Verlauf des Textes nur die männliche bzw. neutrale Form. Im Rahmen einer geschlechtergerechten Sprache bzw. Adressierung der Gedanken sind Personen weiblichen Geschlechts bzw. diverser Geschlechtsidentität stets inkludiert.

Vorwort

Die Reihe „essentials" des Springer Verlags zielt auf Anwender aus der Praxis, die schnell anwendbares Wissen in kompakter Form erwerben und dabei einen ersten Einblick in eine komplexe Thematik gewinnen wollen. Dass dabei mitunter die Detailtiefe leidet, erklärt sich von selbst. Interessierte Leser seien an dieser Stelle auf mein bekanntes Grundlagenwerk „Fragekompetenz für Führungskräfte" sowie die umfangreiche weiterführende Fachliteratur im Anhang verwiesen.

Bichl   Andreas Patrzek
im Januar 2015

Inhaltsverzeichnis

Systemisches Fragen für Führungskräfte – warum?

1

Die zunehmende Komplexität der Arbeitsaufgaben, die erhöhte Arbeitsbelastung und die permanente Beschleunigung der Prozesse führen zu neuen Herausforderungen für die Fach- und Führungskräfte. Der optimalen Kommunikation mit Mitarbeitern, Vorgesetzten, Kollegen und Kunden kommt bei der Bewältigung dieser Aufgabe eine zentrale Rolle zu. Und hier wiederum erkennen immer mehr Beteiligte, wie wichtig es ist, zum richtigen Zeitpunkt die richtigen Fragen zu stellen.

„Wer fragt, der führt" – dieser Satz ist mittlerweile fast allen Führungskräften bekannt. Fragetechnik wurde auch ein Thema in fast allen Führungsseminaren.

„Systemisches Fragen" stellt nun eine gezielte Erweiterung dar. Diese Erweiterung ist mehr als ein theoretisches „Add on" oder ein Release „Fragetechnik 1.1.2.8". Es ist eine neue Sichtweise auf die Dinge mit einer erweiterten theoretischen Basis, der modernen Systemtheorie des 20. und 21. Jahrhunderts. Also ein Fragen 2.0 in Verbindung mit Führung 2.0.

Bleibt die *Frage:* Warum sollten Sie sich, verehrter Leser, das nun antun?

Die Antwort ist relativ einfach: Weil es

1. mittelfristig keine bessere Alternative gibt, um die Komplexität betrieblicher Prozesse nachhaltig zu managen (Pinnow 2008) und weil
2. es eine grundlegende Sicht auf die Dinge ist, die nicht nur „Führung" betrifft, sondern alle Bereiche des täglichen Lebens durchdringen wird.

Führung 2.0 mit systemischen Fragen bedeutet:

- dass sich erfolgreiche Fach- und Führungskräfte endgültig von der Vorstellung verabschieden müssen, alles selbst wissen und alles punktgenau selbst entscheiden zu müssen,

© Springer Fachmedien Wiesbaden GmbH, ein Teil von Springer Nature 2021
A. Patrzek, *Systemisches Fragen*, essentials,
https://doi.org/10.1007/978-3-658-33148-1_1

- dass sie vielmehr die Fähigkeit erwerben sollten, im richtigen Moment die richtigen Fragen zu stellen und zuzuhören,
- um in Gesprächspartnern gezielt Reflexionsprozesse auszulösen, aufgrund deren diese bzw. ein Team womöglich zu neuen Einsichten gelangen und damit anstehende Probleme autark lösen.

Und wie Sie systemisch fragen, das lernen Sie in diesem Buch.

Systemisches Fragen

Frage ich in meinen Fragekompetenz-Seminaren meine Teilnehmer, was sie denn über systemisches Fragen wissen, bekomme ich meist drei Gruppen von Antworten:

- Die einen sagen: „Ah, Sie meinen systematisches Fragen, ja, das kenne ich aus dem Grundlagenseminar Kommunikation."
- Andere schütteln verneinend den Kopf.
- Und andere antworten: „Ja, Sie meinen Zirkuläre Fragen, die kenne ich aus meinem Coaching…"

Im Kern kommt die dritte Antwort meiner Eingangsfrage am nächsten. Aber auch nur bedingt.

Über systemische Fragen kursieren viele Meinungen, Definitionen und Gerüchte. Dieses Essential soll auch dazu beitragen, ein Stück mehr Klarheit und Ordnung in das Wissen um systemische Fragen zu bringen. Und Ihnen natürlich auch eine Fülle von Fragebeispielen an die Hand geben.

Zum Begriff

Der Begriff ist zwar als solcher in aller Munde (und eingeführt, u. a. durch das Heidelberger Zentrum für systemische Forschung und Beratung), gleichwohl ist er noch nicht in den allgemeinen Sprachgebrauch übergegangen und mit einer einheitlichen Definition verbunden.

Ich benutze den Terminus des Systemischen Fragens mit folgender Bedeutung: Systemisches Fragen bezeichnet eine spezielle Fragetechnik, die dazu dient,

- vor dem Hintergrund eines systemischen Verständnisses von zwischenmenschlichem Miteinander

A. Patrzek, *Systemisches Fragen*, essentials,
https://doi.org/10.1007/978-3-658-33148-1_2

- die Reflexion und das Verständnis von Einzelpersonen und/oder Teams und/oder Organisationen
- bezüglich ihres eigenen und fremden Denkens, Wollens und Fühlens anzuregen,
- damit sich ihnen neue Perspektiven eröffnen
- und sich letztendlich ihr Handlungs- und Entscheidungsspielraum vergrößert.

Systemische Fragen sind generell zweierlei, Analyse und Interventionsinstrument:

- Analyseinstrument, weil damit eine vernetzte und nachhaltige Analyse von Zusammenhängen möglich ist,
- und Interventionsinstrument, weil jede Analyse – sofern sie in Interaktion mit Personen geschieht – auf den Befragten zurückwirkt.

Die Wurzeln und Hauptanwendungen dieser Technik liegen größtenteils im psychologischen und therapeutischen sowie im Coaching-Bereich. **Ich möchte gleichwohl Fach- und Führungskräfte nicht zu Therapeuten und Coaches ausbilden – warne auch vor einer zu großen Vermengung dieser Sphären.** Ich möchte Ihnen vielmehr ein hocheffektives Handwerkszeug für den normalen Alltag anbieten, damit Sie Prozesse um sich herum besser verstehen und auf eine neue Art und Weise Einfluss nehmen können. Stichwort Führung 2.0.

Nicht mehr – aber auch nicht weniger.

System-Begriffsdefinition

Die Wurzeln des System-Begriffs liegen im naturwissenschaftlichen Bereich und wurden u. a. durch Robert Wiener, einen der Gründer der modernen Kybernetik, geprägt. Im Zentrum standen technisch-naturwissenschaftliche Regelkreismodelle.

Diese Gedanken wurden in der Folge von sozialwissenschaftlichen Forschern wie Gregory Bateson, Paul Watzlawick, Heinz von Foerster oder Niklas Luhmann aufgegriffen und auf die Sozialwissenschaften übertragen.

Eine Definition in diesem Kontext von Artist v. Schlippe (1997, S. 55) lautet:

> Ein System kann definiert werden als ganzheitlicher Zusammenhang von Teilen, deren Beziehungen untereinander quantitativ und qualitativ intensiver sind als ihre Beziehungen zu anderen Elementen.
>
> Diese Unterschiedlichkeit der Beziehungen konstituiert eine Systemgrenze, die System und Umwelt trennt.

Das einfachste Beispiel für ein System aus dem privaten Bereich ist eine Familie. Das einfachste System besteht aus einem (hetero- oder homosexuellen) Paar, ein größeres System aus einem Paar und ein, zwei, drei… Kindern.

Analog ist im geschäftlichen Bereich ein Team oder eine Abteilung ein System.Bleibt man bei diesem Beispiel, ist auch ein Bereich ein (umfassenderes) System, das aus verschiedenen Sub-Systemen (Abteilungen) besteht. Viele Bereiche wiederum ergeben ein noch größeres System, z. B. eine Firma usw.

Durch die Übertragung der zugrunde liegenden systemischen Gedanken auf soziale Systeme gewinnt man eine Vielzahl neuer Einsichten in Bezug auf deren Verhalten – und Veränderbarkeit:

© Springer Fachmedien Wiesbaden GmbH, ein Teil von Springer Nature 2021
A. Patrzek, *Systemisches Fragen*, essentials,
https://doi.org/10.1007/978-3-658-33148-1_3

- Systeme schaffen nach einer bestimmten Zeit ihr eigenes inneres Gleichgewicht und pendeln sich in einem Zustand temporärer Stabilität ein. *(Machen Teams auch.)*
- Systeme schaffen sich eine bestimmte Resistenz gegenüber Veränderungen und versuchen immer wieder das zuvor existente Gleichgewicht zu erhalten. *(Machen Teams auch.)*
- Das Gleichgewicht in Systemen geschieht über energetische Austauschprozesse. *Die Energie in Teams ist die Kommunikation, d. h., wer Teams verändern will, muss die Kommunikation verändern.*
- Wenn man an einer Stelle im System Veränderungen vornimmt, hat dies vielfältige Wirkungen auf andere Elemente im System. Denn alles hängt zusammen. *Trifft auch auf Teams zu: Wenn ein neuer Mitarbeiter hinzukommt, muss sich das ganze Team neu finden.*
- Wenn man in komplexen Systemen an einer bestimmten Stelle eingreift (interveniert), kann man – je komplexer das System ist – immer weniger vorhersagen, wie sich die Dinge entwickeln werden.
- Und last but not least: Im Gegensatz zu „komplizierten" Zusammenhängen, wie man sie oftmals in technischen Kontexten und Problemlagen vorfindet, zeichnen sich „komplexe" Systeme durch die Entwicklung (Emergenz) einer Eigendynamik aus; dies führt dazu, dass „auftauchende" Probleme letztendlich nicht mehr völlig aufgelöst bzw. erklärt werden können. *Alles trifft auf Teams auch zu.*
- Usw.

Vereinfacht kann man Aspekte eines Systems auch sehr gut mit der Mobile-Metapher beschreiben. Alles hängt zusammen, ist im Gleichgewicht, und Veränderungen an einer Stelle beeinflussen andere! (Abb. 3.1).

Die meisten systemischen Beratungsansätze sind in Analyse, Intervention und Prozessreflexion stark von der systemischen Familientherapie und deren psychologisch/therapeutischem Hintergrund geprägt. Die Systemtheorie Niklas Luhmanns hingegen, die soziale Systeme fast ausschließlich als Kommunikationssysteme definiert, sie also „weniger dinglich, personalisiert und kontextualisiert" betrachtet – findet hier nur am Rande Beachtung.

Dies ist sehr bedauerlich, da Luhmanns Ansätze gerade für die Analyse von strukturbedingten Team- oder Organisationsproblemen überaus ergiebig sind; denn „Probleme" werden in der Folge weniger oft Personen und deren Interaktion zugerechnet, sondern öfter Strukturmerkmalen wie Formalität, Hierarchie, etc.

Abb. 3.1 Mobile

Grundpositionen des systemischen Ansatzes

4

Im Zentrum eines „systemischen Ansatzes" in den Sozialwissenschaften steht also die Analyse der Strukturen und Beziehungen der Elemente, die an einem System beteiligt sind. Und die Erklärungen, die die beteiligten Einzelpersonen oder Gruppen über sich und die verschiedenen Umwelten nutzen.

Es zeigte sich dabei immer wieder, dass das Verhalten der Elemente solcher Systeme besser durch die Spielregeln der „Kommunikation" zwischen ihnen als durch ihre individuellen Eigenschaften erklärt werden konnte. Der Fokus der Aufmerksamkeit verschob sich folglich von der Untersuchung der Eigenschaften isolierter Objekte hin zur Betrachtung der *Wechselbeziehungen* miteinander.

Aus der Vielfalt der Implikationen, die der systemische Ansatz für das tägliche Miteinander im Führungsalltag hat, möchte ich gezielt **fünf** herausgreifen und diese im weiteren Verlauf dieses Essentials mit entsprechender Fragetechnik unterlegen:

- **Vernetztheits-Orientierung**
  Das Verhalten der Beteiligten eines Systems ist durch umfassende und komplexe Vernetztheit gekennzeichnet. Es gibt eine Fülle von Personen, Dingen, Ideen und Prozessen, die in vielfältiger Verflechtung und Abhängigkeit voneinander stehen. **Systemisch fragen bedeutet** sich der wechselseitigen Abhängigkeiten bewusst zu sein, wesentliche Einflussfaktoren zu identifizieren und Aus- sowie Rückwirkungen von Handlungen zu analysieren.
- **Konstruktivismus-Orientierung**
  Es gibt keine „objektive Realität". Jedes Erleben und Verhalten ist „konstruiert" und basiert auf (subjektiven) inneren Repräsentationen einer als Außen erlebten Welt.
  Systemisch fragen bedeutet diese Konstruktionen zu thematisieren, zu hinterfragen und gegebenenfalls zu verändern.

© Springer Fachmedien Wiesbaden GmbH, ein Teil von Springer Nature 2021
A. Patrzek, *Systemisches Fragen*, essentials,
https://doi.org/10.1007/978-3-658-33148-1_4

- **Sprach-Orientierung**
  Kommunikation geschieht in bedeutendem Umfang über Sprache. Die Grenzen der Sprache in einem System begrenzen die Möglichkeiten des Systems. **Systemisch fragen bedeutet** sich dieses Werkzeugs bewusster zu bedienen und eine differenzierte Sicht der Dinge abzubilden.

- **Zukunftsorientierte Ressourcen-Orientierung**
  Nicht eine zu ausführliche Ursachenanalyse des „warum" und der Vergangenheit steht im Mittelpunkt, sondern die Erarbeitung von Möglichkeiten für die Zukunft.
  Dabei unterstellt man, dass jeder Mensch bereits über eine Vielzahl von Ressourcen verfügt, die ihm (weitgehend) helfen, bestehende Probleme zu lösen. **Systemisch fragen bedeutet** diese Ressourcen bewusster zu machen und die Aktivierung anzustoßen.

- **Perturbations-Orientierung**
  Oft genügen bereits einige kleine Interventionen von außen, um ein System dazu zu bringen, sein Gleichgewicht zu hinterfragen bzw. Veränderungen einzugehen. **Systemisch fragen bedeutet** einem System hierfür geeignete Impulse anzubieten – z. B. durch eine ungewöhnliche oder ausgefallene Frage.

Die bisherigen Ausführungen bezogen sich vor allem auf den erkenntnistheoretischen Hintergrund des systemischen Fragens.

Nun geht es um eine „Verortung" im Raum der Fragetechnik als solcher. Hier stößt man auf das Problem, dass es bislang kein kohärentes System der Fragen bzw. der Fragetechnik gibt. Ich habe dies in meinem Buch kritisch kommentiert und einen ersten Systematik-Ansatz in Form des Fragewürfels konzipiert. Gleichwohl gibt es bislang weiterhin eine fast babylonisch anmutende Sprachverwirrung bezüglich möglicher Frageformen:

- Lediglich bezüglich der Fragekonstruktion findet man über die Unterscheidung von offenen, geschlossenen und Alternativfragen einen gewissen einheitlichen Sprachgebrauch.

- Bezüglich der Wirkrichtung, Intension fehlt eine solche Definition bislang. Hier gibt es eine unendliche Vielfalt von Formulierungen: rhetorische Frage, indirekte Frage, motivierende Frage, hinführende Frage, wegführende Frage,... summa summarum kann man also via Beifügung eines beliebigen Verbs oder Adverbs neue Fragearten (er-) finden.

Ich möchte einen übergeordneten Rahmen im Sinne einer Art Meta-Theorie vorstellen.
Beeinflusst wurde ich dabei vor allem von den Ansätzen von Grochowiak und Heiligtag (Die Magie der Frage 2003), Karl Tomm (Die Fragen des Beobachters 2009) und Uwe Straß (Hilfreiches Fragen 1998).
Ausgehend von diesen Gedanken habe ich das **Zwei-Achsen-Modell** aus **Intention und Intensität** entwickelt. Es besteht aus zwei diagonal aufeinander stehenden Dimensionen.

Die erste Dimension: Intention
Die beiden Enden repräsentieren diametral entgegengesetzte Absichten aus Sicht des Fragenden:

- Am einen Ende des Kontinuums dienen die Fragen primär dem Informationswunsch des Fragenden selbst, er möchte etwas Neues erfahren.
- Im Gegensatz hierzu zielen Fragen am anderen Ende des Kontinuums darauf ab, beim Gesprächspartner reflexive Prozesse auszulösen, ihn durch Fragen ins Nachdenken zu bringen.

Die zweite Dimension: (Intensität)
Auch hier repräsentieren die beiden Enden der Dimension entgegengesetzte Verhaltensweisen des Fragenden:

- In einer Extremposition übt der Fragende einen großen Frage-Druck aus, er erwartet eine zielführende, schnelle und eindeutige Antwort.
- Das andere Extrem ist eine sehr gewährende Art und Weise der Frageformulierung.
Sie versteht die Frage eher als Impuls.

In beiden Fällen ist neben der rein sprachlichen Formulierung und Struktur der Frage das Wechselspiel von paraverbalen (Stimme) und nonverbalen (Körpersprache) Aspekten von großer Bedeutung.
Grafische Darstellung (Abb. 4.1):

- Die vertikale (senkrechte) Achse repräsentiert die Intention des Fragenden mit den Endpunkten Reflexion (oben) und Information (unten).
- Die horizontale (waagrechte) Achse stellt die Intensität mit den Endpunkten „Gewährende Beiläufigkeit" und „Nachdrücklichkeit" dar.

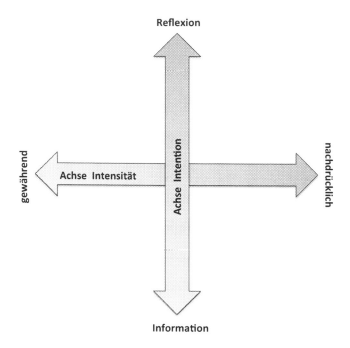

Abb. 4.1 Zwei-Achsen-Modell

Dementsprechend kann man verschiedene Fragestile unterscheiden, die den vier Feldern des Achsensystems entsprechen.

So gesehen verfügt eine Führungskraft über ganz verschiedene Arten, mit Fragen zu führen:

Beispiel-Situation
Ein Mitarbeiter sollte bis heute einen Bericht über ein Meeting verfassen. Er hat es nicht getan und verspricht, ihn in den nächsten Tagen fertigzustellen. Tab. 4.1 zeigt alternative Fragen der Führungskraft an ihn.

Was bedeutet dies nun für die Verortung systemischer Fragen?

- Wie eingangs dargestellt, ist es ein wesentliches Anliegen des systemischen Ansatzes, die
- Handlungsoptionen des Gesprächspartners zu erhöhen.

Tab. 4.1   Beispielformulierungen

	Wann ist der Bericht definitiv fertig?
	Ich benötige den Bericht dringend wegen der Planzahlen für kommendes Jahr. Was meinen Sie, bis wann Sie ihn mir geben können?
	Hm, dass Sie den Bericht nicht fertig haben, bringt mich in eine terminliche Zwickmühle. Mich würde an dieser Stelle doch einmal interessieren, welchen Stellenwert dieser Bericht – und damit das gemeinsame Projekt – insgesamt für Sie hat
	Woran liegt es, dass Sie dem Bericht nicht die höchste Priorität beigemessen haben?

- Hierzu geeignet sind vor allem Fragen, die ihn dazu anregen, eigene und fremde Gedanken und Verhaltensweisen zu reflektieren und eigene Ressourcen zur Veränderung zu erkennen.
- Systemisches Fragen wird sich folglich eher in der Mitte bzw. am linken Rand der oberen Hälfte lokalisieren lassen.
- Denn sehr nachdrückliche Fragen bewirken eher Tendenzen zur Verteidigung, Ablenkung und Rationalisierung.
- Fragen mit hohem Informationsgehalt werden nur selten angebracht sein, z. B. zu Beginn, um wesentliche Details zu klären, und im Verlauf des Gesprächs, um bestimmte Sachverhalte, Worte genauer verstehen zu können (Abb. 4.2).

Was bedeutet dies nun für die Praxis einer Fach- bzw. Führungskraft?

- Generell nimmt die Führungskraft beim systemischen Fragen eher die Rolle eines Klärungshelfers denn die eines Kommissars ein.
- Sie sollte sich vor jeder Frage bewusst werden, was sie wie erreichen will: gewährend Informationen erhalten oder gezielt Reflexionen anregen?

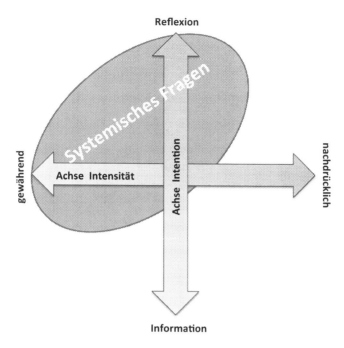

Abb. 4.2 Verortung systemischer Fragen im Zwei-Achsen-Modell

- Anschließend muss sie sich überlegen, welche Fragearten (im Sinne von Frage-werkzeugen) ihr hierzu zur Verfügung stehen und welche davon sie im nächsten Moment in welcher Form (Formulierung, Körpersprache, Stimme) anwenden will.
- Und letztendlich sollte sie sich unter einer ethischen Perspektive bewusst sein, dass jede Frage einen „Eingriff" darstellt, der beim Befragten etwas bewirkt.

Fragearten

5

Die Art der Frage, im Sinne von deren Konstruktion, hat entscheidenden Einfluss auf ihre Wirkung. Dabei möchte ich aber bewusst entpolarisieren: Entgegen der landläufig vorherrschenden Meinung vertrete ich den Standpunkt, dass es *keine* Frageart gibt, die per se systemisch ist.

Die zirkuläre Frage – von der gleich noch die Rede sein wird und die vielfach als die „klassische" *systemische* Frage überhaupt definiert wird – bildet Systemeigenschaften sicherlich sehr gut ab, fokussiert aber auch nur einen kleinen Teil der Systemrealität. Im Kern kann auch eine im richtigen Moment mit der richtigen Stimme gezielt eingesetzte Warum-(oder Warum-nicht-)Frage, die oftmals als „systemisches Frage-Teufelszeug" verdammt wird, durchaus systemisch wirken.

Form der Frage
Im Deutschen gibt es de facto nur zwei bzw. drei Arten von Fragen: offene, geschlossene und alternative (wobei letztere genau genommen eine Sonderform von geschlossenen bzw. eine Variante skalierender Fragen darstellen).

Bereits die Grundkonstruktion einer Frage hat entscheidenden Einfluss auf deren „systemische Wirk-Mächtigkeit".

Geschlossene Fragen
Geschlossene Fragen beginnen normalerweise mit einem Verb („Kennen Sie…", „Haben Sie…") und zielen auf eine Ja/Nein-Antwort des Gesprächspartners. Sie engen dadurch das mögliche Antwortkontinuum entscheidend ein und geben dem Gesprächspartner wenig Spielraum, darüber hinaus etwas zu antworten. Natürlich antworten viele Gesprächspartner auf eine geschlossene Frage oftmals ausführlicher, im Kern reichte aber ein Ja oder Nein. Zudem üben diese Fragen psychologisch einen gewissen Druck aus: Sie „machen den Gesprächspartner zum Befragten". Nicht umsonst nennt man geschlossene Fragen auch Entscheidungsfragen: Denn

© Springer Fachmedien Wiesbaden GmbH, ein Teil von Springer Nature 2021
A. Patrzek, *Systemisches Fragen*, essentials,
https://doi.org/10.1007/978-3-658-33148-1_5

im Vordergrund steht hier nicht die Erlangung spezifischer neuer Informationen, sondern das Herbeiführen konkreter Entscheidung.

Also: Verwenden Sie möglichst wenig geschlossene Fragen, und wenn, dann entweder um gezielt Entscheidungen herbeizuführen – oder um sich im Sinne einer Rückfrage (aktives Zuhören) zu versichern, ob Sie Ihr Gegenüber richtig verstanden haben.

Offene Fragen

Den einzigen Weg zu wirklich neuer Information bieten offene Fragen. Denn: Offene Fragen bewegen den Befragten dazu, von sich aus etwas ausführlicher zu berichten. Sie beginnen mit den bekannten „W-Fragewörtern", also mit „was", „wie", „wer" usw. Weil der Befragte sehr umfassend antworten kann, hat man die Chance, unerwartete, neue Details kennen zu lernen. Der Nachteil: Es besteht das Risiko, dass sich das Gespräch in Nebensächlichkeiten verliert. Als Fragender geben Sie ein Stück weit die Fäden aus der Hand. Offene Fragen erfordern also hohe Konzentration und ein stetiges **„Mitscannen"** des Gesprächsverlaufs.

Offene Frage ist aber nicht gleich offene Frage. Maßgeblich für die Wirkung einer offenen Frage sind die zur Konstruktion verwendeten W-Frageworte.

Die Worte – meist handelt es sich (grammatikalisch exakt benannt) um Pronomen oder Adverbien – unterscheiden sich stark hinsichtlich der Zielrichtung und Wirkung.

Ich widme den offenen Frageworten im Folgenden bewusst sehr viel Raum, da ich durch langjährige Seminarerfahrungen ein Verfechter der „Wort-geleiteten" Fragetechnik geworden bin: D. h., allein die „technisch" ausgelöste Verwendung eines bestimmten Fragewortes (z. B. „woran") führt fast automatisch zu einer guten systemischen Akzentuierung der so konstruierten Fragesätze.

Ich habe in Tab. 5.1 die meistverwendeten Frageworte zusammengestellt – und dabei nach verschiedenen Gesichtspunkten gruppiert. Die Gruppentitel sind meine eigenen Benennungen – sie dienen vor allem der Anschaulichkeit und Anwendung und referieren nur selten mit den rein formal grammatikalischen Benennungen.

Selbstverständlich sind (fast) alle Frageworte gleichermaßen geeignet, systemische Fragen einzuleiten bzw. zu tragen. Letztendlich hängt es ja vor allem vom Inhalt der Frage ab, welchen Fokus sie trägt.

Generell lassen sich aber folgende vereinfachende Regeln bezüglich der Anwendung definieren:

- **Völlig offene Frageworte** ermöglichen im Anschluss an das Fragewort (fast) jede Fragekonstruktion und bewirken daher, dass die Antwort auch weitestmöglich offen ist. *(Beispiel: „Wie geht es Ihnen?")* Systemische Fragen sollten zu 80 %

Tab. 5.1 Offene Frageworte

Völlig offene Frageworte	Messend verknüpfte Wie & welche Frageworte	Induzierende Frageworte
Wie Was	Wie tief, Wie lang, etc. Wie viel, Wie oft, Wie sehr, Wie bedeutsam Wie intensiv in welchem Ausmaß, bis zu welchem Grad, Wie nachhaltig	Wobei Wodurch Wofür Wogegen Woher Wohin Wohinter Womit Wonach Woran
Fixierte Frageworte	Wie grundlegend,	Worauf Woraus
Wo, Woher, Wohin, Wer, Wen, Wem, Wessen, Wann, ab wann, bis wann, wie lange	**Klärende offene Fragen (kausal)**	Worin
	Warum Weshalb Weswegen Wieso	Worüber Worum Worunter Wovor Wozu
Gebundene Frageworte		
Welche Welchem Welchen Welcher Welches	**Führende Frageworte (Interrogativadverbien)**	
	Inwieweit Inwiefern	

offen formuliert sein. Denn der Gesprächspartner soll angeregt werden, frei und ohne Lenkung einen Sachverhalt zu reflektieren.

- **Fixierte Frageworte** beleuchten Fakten näher und spezifizieren diese. Sie dienen vor allem dazu, bestimmte Sachinformationen zu gewinnen. *(Beispiel: „Wer war noch anwesend?")* Dies ist besonders in der Anfangsphase von Gesprächen hilfreich, um sich ein konkretes Bild des Gesamtsystems zu machen. Bei zu häufiger Anwendung ist vom Fragenden selbstkritisch zu überlegen, inwieweit hier eine gewisse Neugier befriedigt wird, die eine tiefere Reflexion (bewusst oder unbewusst) verhindert. Aber keine Regel ohne Ausnahme: *„Wo genau sitzt Ihr Kollege im Verhältnis zu Ihnen?"* ist eine sehr gute systemische Frage. Merke: Auf den Inhalt kommt es an!

- **Gebundene Frageworte** beziehen sich in der Regel auf ein folgendes Substantiv und lenken daher die Frage gezielt in eine bestimmte Richtung. Sie engen dadurch den Fokus ein und lenken das Gespräch. Ein prägnantes – und einfaches – Beispiel: *Die Frage „Welche Gefühle verbinden Sie damit?" hat eine völlig andere Wirkung und Zielrichtung als die Frage „Welche Gedanken haben Sie gerade?"*. Welche der zwei Versionen man benutzt, hängt von den Hypothesen, den Absichten und weiteren Faktoren ab.
- **Messend verknüpfte Frageworte** sind auf die Intensität oder Extension eines Phänomens bezogen. *(„Wie häufig sehen Sie sich?")* Sie sind wie fixierte Frageworte oft informationsbezogen und taugen hier gut, um bestimmte Phänomene oder Sachverhalte näher zu beschreiben. Messend verknüpfte Frageworte gewinnen generell bei der Generierung von Unterschieden eine große Bedeutung. Wie wir noch sehen werden, ist es ein wesentliches Merkmal systemischer Fragen, Unterschiede zu thematisieren und zu benennen.
- **Klärende offene Frageworte** versuchen die Ursache einer Erscheinung ans Licht zu bringen. Am bekanntesten ist wohl das „warum". *Diese Frageworte verleiten dazu, spontan und ohne große Überlegung formuliert und platziert zu werden. Nach dem Motto „Ein Warum geht immer". Da diese Worte – und besonders das Warum – eine besondere Wirkung haben, widme ich ihnen im Anschluss an diesen Abschnitt ein eigenes Kapitel. (Übrigens: In unserem Frage-Meta-Modell wäre „warum" ganz rechts mitten in der Pfeilspitze – oder senkrecht im Lot dazu – lokalisiert.)

- **Führende Frageworte** *(übrigens die einzigen Nicht-W-Worte)* – nehmen eine gewisse Zwitterstellung zwischen geschlossenen und offenen Fragen ein, da sie in einem Vorsatz einen Vorschlag bzw. eine Idee unterbreiten und dann nach der Relativität der darin enthaltenen „Lösung" fragen. *(Beispiel: „Inwieweit sind Sie mit dem Vorschlag einverstanden?")* Sie sind für mich ein erstes und einfaches Instrument, um das Frageverhalten von Seminarteilnehmern entscheidend zu verändern: Wie schon erwähnt, neigen viele Personen dazu, die Mehrzahl ihrer Fragen geschlossen zu formulieren. Und hier empfehle ich einfach, sich die Worte „inwieweit" und „inwiefern" einzuprägen und Fragen automatisch damit zu beginnen. Das Resultat ist fast immer besser als bei einer geschlossenen Frage.

- **Die meisten induzierenden Frageworte** schließlich führen allein durch ihre „Richtung" automatisch zu einer Reflexion. *(Beispiel: „Woran machen Sie fest, dass Ihr Kollege eifersüchtig ist?")* Für mich sind sie dadurch eines der zentralen Instrumente für gelungenes systemisches Fragen: Denn sie verleiten den Befragten automatisch und reflexhaft dazu, seine Gedanken und Gefühle zu hinterfragen. Allein eine *„Woran machen Sie fest, dass…"*-Frage eröffnet eine Vielzahl von Einstiegen, um interne Wahrnehmungs- und Bewertungsprozesse zu thematisieren. Und so funktioniert es mit (fast) allen Worten. (Fast, weil einige Worte – wie z. B. das „worum" – zugegebenermaßen weniger systemfokussiert sind.) Und auch hier funktioniert das Patentrezept wie bei den führenden Frageworten: Einfach einprägen, memorieren und den Satz damit beginnen.

Nun am Ende noch einige Gedanken zur Warum-Frage. Die Warum-Frage schafft leicht eine verhörmäßige Situation, in der der Gesprächspartner meint, er müsse sich rechtfertigen. Folglich reagiert er als „Angeklagter" auch so: mit Ausreden, Abwehr oder Verteidigung. Psychologisch rührt dies wahrscheinlich aus unserer Kindheit, wo wir von Autoritäten (Lehrern, Eltern, Erziehern…) früh mit Warum- Fragen bedrängt wurden. Hinzu kommt, dass es auf Warum-Fragen keine finale Antwort gibt. Egal was man sagt, der andere kann umgehend mit einer erneuten Warum-Frage reagieren.

Welche Alternativen gibt es nun zur Warum-Frage? Eine erste und relativ einfache Möglichkeit besteht darin, „warum" schlicht durch ein „weshalb" zu ersetzen. Damit ist zwar noch nichts Weltbewegendes geschehen, aber allein das Wort „weshalb" klingt weniger inquisitorisch im Vergleich zum „warum".

Wesentlich besser ist es, ganz andere – offene – Formulierungen zu verwenden, z. B.

- Was war ausschlaggebend dafür, dass…?
- Was veranlasste Sie…?

Diese Fragen transportieren alle eine ganz bestimmte Grundhaltung des Fragenden, die es dem Gegenüber ermöglicht, sich weder angeklagt noch verhört zu fühlen. Diese Grundhaltung lautet in etwa: „Ich vermute, es gibt gewisse Gründe, Umstände, Motive etc., die dazu führten, dass Sie so – und nicht anders – gehandelt haben. Und die interessieren mich."

Die in Abb. 5.1 dargestellte Übersicht zeigt mögliche Alternativen zur Warum-Frage. Dabei ist der Fokus jeweils ein anderer:

- auf auslösende Momente allgemein
- auf innere Beweggründe
- auf die zeitliche Entwicklung
- und auf weitere Umfeldbedingungen.

Um es abschließend nochmals klarzustellen:

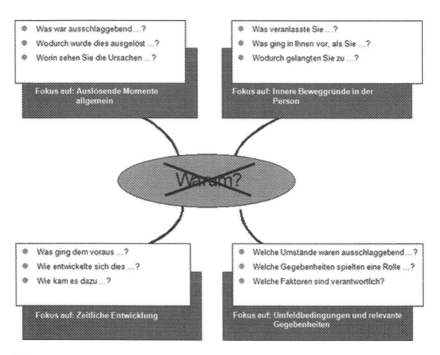

Abb. 5.1 Alternativen zur Warum-Frage

- Die „logische" Sinnhaftigkeit, die sich hinter einer Warum-Frage verbirgt, ist unbestritten, es geht hier ausschließlich um die Wirkung und die Formulierung. Und hier ist das Warum meist „suboptimal"!
- Stimmt die Atmosphäre, passt die Beziehungsebene, eignet sich die innere Dramaturgie dazu, dann kann auch ein geschickt platziertes „warum" systemische Wunder wirken.

Alternativfragen

Alternativfragen wie *„Was meinen Sie, hat er es aus Zufall oder böser Absicht gemacht?"* sind Varianten geschlossener Fragen, sie lassen dem Gesprächspartner jedoch etwas mehr Antwortspielraum. Bei diesen Fragen werden mehrere Möglichkeiten bereits in der Fragestellung vorformuliert. Angebracht kann diese Frageform in Entscheidungssituationen sein, wenn man bewusst die Möglichkeiten ausweiten will. (Manchmal werden sie auch als Sonderform skalierender Fragen verwendet:

„Was würden Sie eher priorisieren: den Zeitaspekt, den Kostenaspekt oder den Qualitätsaspekt?".

Zwei Aspekte sind zu beachten:

Konstruktion allgemein
In der Praxis sollte man nicht mehr als drei bis vier Alternativen innerhalb einer Frage anbieten – sonst ist der Befragte überfordert und verwirrt.

Suggestivität
Alternativfragen können durch Platzierung der Alternativen und Stimmführung suggestiv wirken.

- Reihenfolge: In der Regel spiegelt die umgekehrte Reihenfolge der genannten Alternativen die Präferierung durch den Fragenden wider. Was man am meisten erwartet, nennt man zuletzt.
- Stimmführung: Diese Präferenz verdeutlicht man auch durch die Stimme. D. h., man senkt sie nach Nennung der ersten unbeliebten Alternative(n) gezielt und hörbar nach unten.

Dieses „Nach-unten-Führen" der Stimme signalisiert unbewusst eine „nachlassende Anspannung" und deutet suggestiv darauf hin, was der Fragende gerne hören will.

Und nun zu den Frageformen, die in vielen Veröffentlichungen als „genuin systemisch" gelten: hypothetische, zirkuläre und skalierende Fragen.

Hypothetische Fragen führen eine fiktive Situation in das Gespräch ein. Häufig werden sie daher eingeleitet mit Formulierungen wie „Stellen Sie sich vor ...", „Gesetzt den Fall ...", „Angenommen ...". Im Rahmen eines „Als-ob-Szenarios" fragt man den Betreffenden nach möglichen oder denkbaren Reaktionen von sich oder anderen Personen. Die Absicht ist, den Befragten dadurch anzuregen, neue Auswege, Möglichkeiten und Reaktionen zu konstruieren und zu formulieren. Er lässt so neue Wirklichkeiten zu und erkennt, dass es – zumindest theoretisch – eine Vielzahl von Möglichkeiten gibt.

Hypothetische Fragen sind wie Gedankenexperimente. In Anlehnung an Simon und Simon (1999, S. 133) kann man auch sagen: „Gedankenexperimente sind eines der nützlichsten Instrumente menschlichen Denkens... Sie sind ökonomisch sinnvoll, d. h., sie kosten wenig, laden ein zu kreativem Denken, geben der Phantasie eine Chance und aktivieren den Möglichkeitssinn." Das Ergebnis sind oft neue kreative Ideen, Impulse und Sichtweisen. Eine Sonderform ist die sog. Wunderfrage, von der später noch die Rede sein wird.

a) „Grundform" hypothetischer Fragen

In der Regel folgen hypothetische Fragen der in Abb. 5.2 dargestellten Grundform.

Natürlich gibt es eine Fülle weiterer Einleitungsformulierungen. Hier eine Auswahl

- „Nehmen Sie/wir einfach mal an..."
- „Unterstellen wir doch einmal..."
- „Wenn Folgendes passieren würde..."
- „Wagen wir doch ein Gedankenexperiment:..."
- „Folgendes Szenario:..."
- „Reine Fiktion – aber denkbar wäre doch, dass..."

b) „Bezüglichkeit" hypothetischer Fragen

Abb. 5.2 Bausteine hypothetischer Fragen

Hypothetische Fragen setzen im Grunde immer ein „erdachtes Ereignis" in Relation zu einer „ausgelösten" Reaktion. Diese beiden Ereignisse können einander vorgelagert, nachgelagert oder gleichzeitig sein. Abb. 5.3 skizziert die Vielzahl der möglichen Reaktionen.

1. **Geschehen in der Vergangenheit – Folge in der Vergangenheit**
   „Stellen Sie sich vor, Sie hätten damals die neue Stelle bekommen, wie hätte sich das auf Ihr Verhalten in der damaligen Firma ausgewirkt?"
2. **Geschehen in der Vergangenheit – Folge für heute**
   „Angenommen, Sie hätten sich für einen anderen Lieferanten entschieden, wie würden wir dann heute dastehen?"
3. **Geschehen heute – (gedachte) Folgen für die Vergangenheit**
   „Wie würden Sie die Entscheidung von damals mit dem Wissen von heute gestalten?"
4. **Geschehen heute – Folgen heute**
   „Angenommen, wir kündigen mit sofortiger Wirkung alle Verträge – welche Folgen hätte dies?"
5. **Geschehen heute – Folgen in der Zukunft**

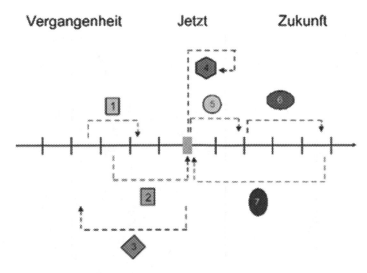

Abb. 5.3 Zeitstrahl und hypothetische Fragen

„Gesetzt den Fall, der Projektmitarbeiter Müller fällt aus, wie würde das den Projekterfolg beeinflussen?"

6. **Geschehen in der Zukunft – Folgen in der Zukunft**
„Welche Folgen hätte es, wenn in sechs Monaten das Kundensegment OP dem Vertriebsbereich VB 12 zugeordnet würde?"

7. **Geschehen in der weiteren Zukunft – Folgen in der näheren Zukunft oder heute**
„Angenommen, der Kunde wird seinen Vertrag ab Anfang des kommenden Jahres nicht mehr verlängern, wie können wir uns bereits heute darauf einstellen?"

Zirkuläre Fragen
Sie sind das Herzstück des systemischen Fragens, da sie die Sichtweisen – im erweiterten Sinne also die Realitäten – anderer Personen oder Personengruppen einbeziehen.

Wegweisend ist in diesem Zusammenhang der Satz von Fritz B. Simon und Christel Rech-Simon aus ihrem vielbeachteten Buch „Zirkuläres Fragen": *„Weil das Verhalten von Menschen nicht von dem bestimmt wird, was andere tatsächlich über sie denken, sondern von dem, was sie denken, was die anderen denken,..."* (Simon und Simon 1999, S. 223).

Zirkuläre Fragen thematisieren eine vermutete Fremdperspektive. Dadurch wird der Gesprächspartner dazu angeregt, sich in andere Personen hineinzuversetzen und deren mögliche Sichtweise zu reflektieren. Diese Fragen schaffen also Empathie und Verständnis für die „Realität" anderer Menschen.

Etwas „anspruchsvoll" wird dies, weil sich

- die vermutete Fremdperspektive auf verschiedene Personen beziehen kann und
- sich die Sichtweise dieser „bezogenen" Person wiederum auf verschiedene Aspekte beziehen kann: Beziehungen, Personen, Sachen, Gedanken oder Prozesse.

Die Abb. 5.4 soll dies verdeutlichen:
Eine klassische zirkuläre Frage wäre,

- wenn der Fragende *(links unten)*
- den Befragten *(rechts unten)*
- darüber befragt *(dunkler waagrechter Pfeil)*,
- wie dieser glaubt
  (gestrichelter schräger Pfeil nach oben),

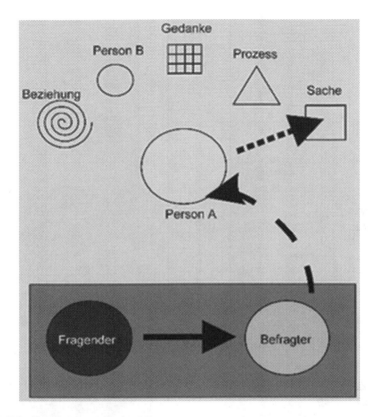

Abb. 5.4 Grundstruktur zirkulärer Fragen

- dass eine weitere Person (A)
- eine bestimmte Sache einschätzt
  (gestrichelter kleiner Pfeil nach rechts oben).
- Beispiel: *„Was vermuten Sie, wie dem Kunden das aktuelle Angebot gefällt?"*

Abgeleitet von dieser Grundperspektive ist eine Vielzahl von Fragestellungen möglich. Eine relativ einfache Form wäre folgende Frage:

„Was glauben Sie, wie ich Ihr Verhandlungsgeschick
einschätze?"

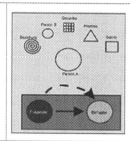

Komplexer ist folgende Frage:

„Was vermuten Sie, wie der Kunde Ihr Verhalten im
letzten Meeting einschätzt?"

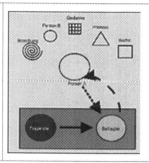

Und sehr anspruchsvoll wäre:

„Was glauben Sie, wie die Beziehung des Kunden zu
unserem Mitbewerber B ist?"

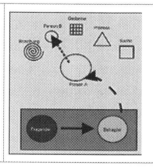

Diese drei Beispiele repräsentieren auch drei Grundkonstellationen zirkulären
Fragens:

| **Selbstbezogen** | Der Fragende bezieht sich selbst als Person ein | *„Was glauben Sie, wie ich Ihr Verhalten beurteile?"* |

| Fremdbezogen, einfache Variante | Die Frage bezieht sich auf die vermuteten Gedanken, Gefühle und Reaktionen der befragten Person dem Befragten gegenüber | *„Was vermuten Sie, wie Ihr Kunde dies sieht?"* |
| Fremdbezogen, komplexe Variante[a] | Die Frage bezieht sich auf die vermuteten Gedanken, Gefühle und Reaktionen einer weiteren Person einer anderen gegenüber | *„Wenn wir seinen Kollegen fragen würden, wie er sein Verhältnis zu seinem Chef sieht, was würde er antworten?"* |

[a]Den in der Fachliteratur eingeführten Begriff ,triadisch' nutze ich hier bewusst nicht

Die Fragekonstruktion

Daraus abgeleitet ergeben sich die in Abb. 5.5 dargestellten sprachlichen Grundstrukturen der Konstruktion.

Folgendes Übungsbeispiel aus meinen Seminaren soll Ihnen beim Erlernen der zirkulären Fragen helfen (die dritte, fremdbezogene Variante ist zu komplex und wird hier nicht abgebildet):

Beispielsituation: Die Führungskraft (A) begleitet den Mitarbeiter (B) bei einem Erstgespräch mit einem wichtigen Neukunden (C). Dabei vereinbaren sie eine Zweiteilung: Die Führungskraft (A) bespricht mit dem Kunden (C) die Eckpunkte einer neuen strategischen Partnerschaft, der Mitarbeiter (B) stellt dem Kunden anhand einiger Folien zwei neue Produkte vor.

Im Anschluss an das Meeting sitzen beide (allein, ohne C) in einem Café und besprechen das Meeting (Abb. 5.6).

a) **Selbstbezogen (A/B):** Die Fragen der Führungskraft (A) an den Mitarbeiter (B) beziehen sich auf sich (A) selbst aus Sicht des Mitarbeiters (B).
Beispiel 1: „Herr B, was glauben Sie, wie ich Ihre Folien fand?"
(Kommentar: Hier steht der Befragte im Fokus.)
Beispiel 2: „Herr B, was glauben Sie, wie es mir im Gespräch mit dem Kunden ging?"
(Hier steht – spiegelverkehrt – der Fragende im Fokus.)
b) **Fremdbezogen – Frager (A/C):** Die Fragen der Führungskraft (A) an den Mitarbeiter (B) beziehen sich auf die vermuteten wechselseitigen Sichten zwischen der fragenden Führungskraft (A) und dem nicht anwesenden Kunden (C).
Beispiel 3: „Herr B, was glauben Sie, wie ich das Verhalten von Herrn C beurteile?"

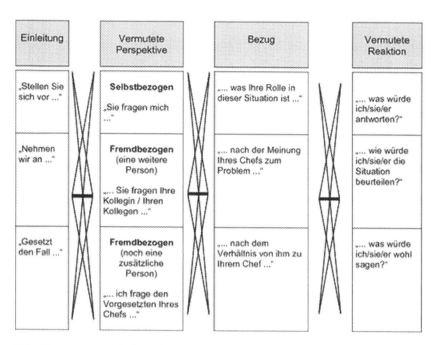

Abb. 5.5   Bausteine zirkulärer Fragen

Abb. 5.6   Zirkuläres
Dreieck

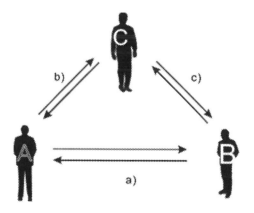

(Hier geht es um den vermuteten Blick des Chefs auf den Kunden.)

Beispiel 4: „Herr B, was glauben Sie, wie Herrn C meine Ausführungen gefielen?"

(Hier geht es – spiegelverkehrt – um den Blick des Kunden auf den Chef.)

c) **Fremdbezogen – Befragter (B/C):** Die Fragen der Führungskraft (A) an den Mitarbeiter (B) beziehen sich auf dessen (B) Interaktion mit dem Kunden (C).

Beispiel 5: „Herr B, was glauben Sie, wie dem Kunden Ihre Folien gefielen?"

(Thema ist die vermutete Sicht des Kunden auf den Mitarbeiter.)

Beispiel 6: „Herr B, wie schätzen Sie die Glaubwürdigkeit des Kunden ein?"

(Thema ist – wiederum spiegelverkehrt – das Verhalten des Kunden.)

Wichtig ist, dass man nach den Antworten nicht sofort zu neuen (zirkulären) Fragen übergeht, sondern die Antworten mit Fragen weiter qualifiziert. Besonders geeignet hierfür sind induzierende offene Fragen:

- Woran machen Sie das fest?
- Woher nehmen Sie diese Einschätzung?
- ...

Denn durch diese Fragen wird deutlich, wodurch der Gesprächspartner zu dieser Annahme kommt.

Zusammenfassung

Vorteile des zirkulären Fragens

- Der Befragte reflektiert sich und seine Beziehung von außen.
- Der Befragte kann sich in andere Personen hineinversetzen.
- Durch die simultane Betrachtungsweise aus mehreren Blickwinkeln wird die Vernetzung der Beziehungen sichtbar.
- Durch die neue Fragetechnik werden für „alte Probleme" neue Denk- und Betrachtungsweisen vorgeschlagen.
- Bei entsprechenden Settings (z. B. Konflikte im Team) kann man auch mehrere Personen, die real im Raum sind, über ihre gegenseitigen Sichten befragen (erfordert viel Erfahrung).

Gefahren des zirkulären Fragens

- Zirkuläres Fragen setzt eine systemische Denkweise voraus. Unreflektiertes Anwenden der Technik ist im günstigsten Fall eine unnütze Spielerei.

- Zirkuläres Fragen sollte hypothesengestützt sein. Wildes ‚Durch-die-Gegend-Fragen' kann mehr verwirren als klären.
- Zirkuläre Fragen sind ungewohnt für die Betroffenen. Die Anwendung erfordert behutsames Einführen.
- Zirkuläres Fragen ist schwierig und muss geübt werden.
- Ununterbrochenes zirkuläres Fragen kann monoton wirken oder/und die Situation sehr ermüdend und künstlich erscheinen lassen.
- Last but not least: Zirkuläres Fragen dient auch nicht dazu, „latent vorwurfsvoll" einem Gesprächspartner – mit Verweis auf vermutete Fremdwirkungen – ein wahrscheinlich „unangemessenes" Verhalten zu spiegeln und hierdurch Einsichten und/oder Korrekturen einzufordern. Dies wird in der Regel eher zu Verunsicherung und Beschämung führen.

Abschlussbemerkung
Zirkuläre Fragen – wie sie eben beschrieben wurden – werden qua Form definiert, d. h. durch ihren verbalisierten Verweis auf die andere Perspektive. Diese Art der Zirkularität stellt aber nur einen Ausschnitt aus diesem Gesamtkonstrukt dar: Zirkulär im weiteren Sinne sind alle Fragen, welche die realen oder vermuteten Ursachen und/oder Folgen einer Interaktion zwischen zwei oder mehr Personen beschreiben (vgl. Abschnitt über Zirkularität).

Skalierende Fragen

a) Definition/Allgemeiner systemischer Hintergrund

Skalierungsfragen – auch skalierende Fragen genannt – dienen dazu, Unterschiede zu hinterfragen. Das bedeutet:

- bereits existierende Unterschiede zu benennen,
- nicht existierende Unterschiede sichtbar zu machen,
- gegebene Unterschiede in ihrer Ausprägung zu benennen – zu skalieren – oder
- scheinbare Unterschiede zu relativieren.

Nach G. Bateson (1997) stellt ein Unterschied immer eine gegenseitige und zirkuläre Beziehung zwischen den verglichenen Einheiten dar. Deshalb trägt das Erkennen von Unterschieden und ihrer Wechselwirkung zum systemischen Verständnis bei.
Generell kann man Fragen nach psychischen, räumlichen und nach zeitlichen Unterscheidungen differenzieren.

- Psychische Unterschiede differenzieren verschiedene „Phänomene" nach ihrer Unterschiedlichkeit. („Wie zufrieden sind Sie auf einer Skala von 0 – gar nicht – bis 10 – maximal?")
- Zwischenmenschliche Nähe/Distanz- Phänomene können auch als „räumliche" Unterschiede hinterfragt werden. („Wem stehen Sie näher, dem Kollegen A oder dem Kollegen B?")
- Zeitliche Unterschiede fokussieren Beginn, Ende und Dauer von Prozessen. („Welcher Projektschritt sollte eher stattfinden: die Analyse der Marktzahlen in den USA oder...").

Anwendung

- Das Skalieren von *inneren* Zuständen (z. B. Gefühlen anderer Personen gegenüber) bewegt die betreffende Person, Unterschiede genauer wahrzunehmen.
- Das Skalieren von *äußeren* Phänomenen dient dazu, Standpunkte genauer darzulegen und Entscheidungen vorzubereiten.

Aus dem komplexen Feld möglicher skalierender Fragen möchte ich an dieser Stelle einige Varianten kurz vorstellen:

- **Klassische Variante – einfache numerische Skala einer Eigenschaft**
  „Wie zufrieden sind Sie aktuell (mit Ihrer Arbeitsstelle) auf einer Skala von 0 (minimal) bis 10 (maximal)?"
- **Klassische Variante – prozentuale Skala zu einem bestimmten Objekt**
  „Wie viele Ihrer Kollegen sind prozentual mit dem Klima im Team zufrieden?"
- **Erweiterte Variante – Halbierung einer Teilmenge**
  „Wenn man die Teammitglieder nach ihrer Zufriedenheit in zwei Gruppen teilen würde:
  Gehören Sie eher zu den Zufriedenen oder eher zu den Unzufriedenen?"
- **Erweiterte Variante – Rangreihung von Elementen**
  „Was waren aus Ihrer Sicht die wichtigsten drei Maßnahmen zur Verbesserung des Teamklimas?"
- **Erweiterte Variante – Einführung von bewussten Unterschieden**
  „Sie sagen, es gibt keinen Unterschied in der Schwierigkeit der Projekte. Wenn Sie nun aber jeden noch so feinen Unterschied wahrnehmen könnten, welches Projekt wäre dann ein ganz klein wenig leichter als die anderen?"

Am Beispiel der ersten Variante – der einfachen numerischen Skala einer Eigenschaft – soll die mögliche Abfolge einer sukzessiven Fragekette dargestellt werden.
Ausgangspunkt:

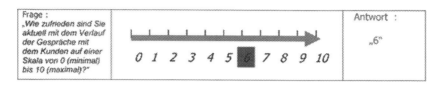

Nun sollte man – bevor man skaliert weiterfragt – erst einmal diesen Wert hinterfragen. Ideal hierfür sind die schon mehrmals erwähnten induzierenden offenen
Fragen:

- *Woran machen Sie das fest?*
- *Was ist der Grund dafür.*

Dann bietet es sich an, weiter skaliert zu fragen – und zwar nach der Historie
und später nach der Zukunft:

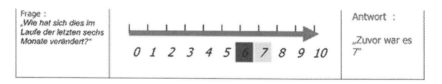

Sie ahnen bereits, wie es weitergeht. Sie fragen nun nach den möglichen
Ursachen:

- *Woran liegt das?*
- *Wer hat was anders gemacht als aktuell?*

Als Nächstes ist es elegant, nach der Tendenz zu fragen?

Und sicherlich haben Sie eine Fülle von Ideen, was Sie nun fragen:

- *Seit wann ist dies im Ansatz sichtbar?*
- *Woran machen Sie das fest?*
- *Was ist der Grund dafür.*
- *Wie groß ist die Gefahr, dass sich der Trend fortsetzt?*
- *Wie könnte man das umkehren?*
- *Was müsste passieren, damit sich der Trend umkehrt?*
- ...

Wie man sieht, wechseln sich dabei stets
- *numerische* Fragen – also Fragen nach dem Skalenwert –
- und *qualitative* Fragen – also Fragen nach der Ursache, der Folge – ab.

Diese Abfolge sollte man auch im Weiteren beibehalten. Dabei bieten sich folgende numerische Fragen an:

- *Welcher positive Wert wäre kurzfristig möglich?*
- *Wenn Sie die 5 stabilisieren wollen, ...*
- *Wenn Sie auf die 6 kommen wollen, ...*
- *Welcher Wert der Verbesserung wäre im Moment realistisch?*
- *Welcher Wert wäre im Moment maximal möglich?*
- *Welcher Wert wäre generell maximal möglich?*
- *Sehen Sie die Möglichkeit, eine 10 zu erreichen?*
- *Wenn ein Wunder geschehen wäre, und Sie würden morgens aufwachen und sich auf einer 10 fühlen, was wäre geschehen?*

Nutzen Sie auch die Fülle von hypothetischen und zirkulären Fragen, um die Situation weiter zu analysieren:

- *Was hätte geschehen müssen, um dem Rückgang entgegenzuwirken?*
- *Was hätte ich tun können?*
- *Wie beurteilt Ihr Kollege diese Situation?*
- *Wer in Ihrem Team sieht das genauso?*
- ...

Ein aktueller Trend bei skalierenden Fragen
In der täglichen Praxis stelle ich aktuell fest, dass manche Kolleginnen und Kollegen mittlerweile oftmals auch eine Variante des klassischen „10-er-Ansatzes" verwenden: Eine Erweiterung der Skala von 0 bis −10. (Formulierung: „Auf einer Skala von MINUS 10 bis PLUS 10...").
Folgende Aspekte sind damit verbunden:

> Die negativen (-10 bis 0) und positiven Bereiche (0 bis $+10$) werden klar voneinander getrennt
> Es gibt einen absolut „neutralen Bereich" (die Null)
> Man erreicht noch mehr „psychologischen Abstand" zu Noten-Skalierungen,
> Unterschiede – gerade wenn sie das Vorzeichen wechseln – werden deutlich spürbarer
> Nachteile: Diese Form hat einen gewissen Überraschungseffekt und wird aktuell noch nicht so oft verwendet

Abschließend noch eine Anmerkung zur Grundkonstruktion der Fragen: Von der Grundkonstruktion her sind alle Fragen

* entweder geschlossen, offen oder alternativ und
* zusätzlich können sie hypothetisch und/oder zirkulär und/oder skalierend sein.

Das wird z. B. durch meinen in Abb. 5.7 dargestellten Fragestift verdeutlicht.

Folgende Frage verbindet z. B. eine offene Grundkonstruktion mit einer hypothetischen und einer zirkulären Frage: *„Angenommen, das neue Produkt wird ein Flop, wie wird der Kunde reagieren?"*

Basierend auf dem Achsenmodell, fokussierten die bislang behandelten „Fragearten" im Wesentlichen die Intention der Frage, also den Fokus, ob man primär Informationen erhalten oder zu Reflexion anregen will.

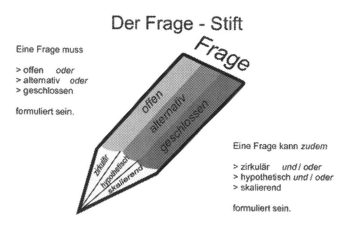

Abb. 5.7 Fragestift

Die weiteren Ausführungen thematisieren nun die zweite Dimension, die Intensität. Welche Parameter haben Einfluss auf den „gefühlten" Druck einer Frage? Als nutzbare Techniken stehen zur Verfügung:

- Die Form der Frage
- Sprachbegleitende Signale
- Die Struktur der Frage
- Die Länge des Fragesatzes
- Einsatz von Frageworten
- Einbeziehen des Fragenden
- Erlaubnisfrage
- Pausen zwischen den Fragen
- Sprache

1. **Form der Frage**
   Natürlich spielt die Form der Frage eine entscheidende Rolle: Eine offene Frage übt wesentlich weniger Druck auf den Gesprächspartner aus als eine geschlossene. Geschlossene Fragen verleihen einem Gespräch leicht einen Verhör-Charakter und führen dadurch leicht zu einer Abwehrhaltung beim Gegenüber. Besonders die Warum-Frage ist unter diesen Aspekten – wie schon ausführlich diskutiert – mit Bedacht einzusetzen. Aber auch eine Kaskade zirkulärer Fragen kann durchaus auch einschüchternd wirken – also Vorsicht.
2. **Sprachbegleitende Signale**
   Diese Aspekte der Kommunikation, also paraverbale (Stimme) und nonverbale (Körpersprache) Kommunikation, wurden bislang kaum berücksichtigt, obwohl sie äußerst bedeutsamen Einfluss auf die Fragen haben. Jede einzelne Facette, also Lautstärke, Stimmvariation, Haltung, Blickkontakt, Raumverhalten usw. bietet unzählige Variationen und Möglichkeiten, um „beiläufig" oder „nachdrücklich" zu fragen. Hierauf näher einzugehen würde den Rahmen dieses Essentials vollends sprengen – ich habe diesem Thema zudem ein eigenes, ausführliches Kapitel in meinem Buch „Fragekompetenz für Führungskräfte" gewidmet.
3. **Länge und Struktur der Frage**
   Länge und Struktur einer Frage prägen entscheidend den damit ausgeübten Druck.

Vereinfacht gilt:

- Je kürzer die Frage, desto prägnanter und druckvoller wirkt sie.

• Je länger die Frage, desto „gewährender".

Aber es gilt auch:

• Je länger die Frage, desto fokussierter kann sie werden.
• Mit der Länge nimmt auch die Gefahr des Abschweifens zu.

Rein sprachlich besteht jede Frage aus einem „Frage-Träger(-satz)" und einer „Frage-Spitze". Abb. 5.8 verdeutlicht dies.

• Die **Frage-Spitze** beinhaltet die ‚eigentliche' Frage und die Aufforderung zur Antwort,

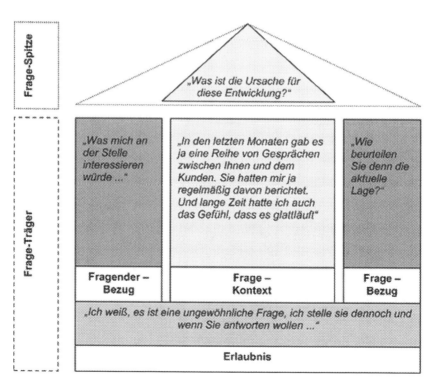

Abb. 5.8 Fragestruktur

- während der **Frage-Träger** einleitende Formulierungen und Erklärungen umfasst.

Beispielfrage: *„Was ist die Ursache für diese Entwicklung?"*
Unsere Sätze sind generell umso verständlicher, je kürzer wir sie fassen. Das gilt natürlich auch für Fragen: Was genau dies zahlenmäßig in Worten bedeutet, lässt sich nicht universell beziffern. Als Richtwerte lassen sich dennoch folgende Werte nennen:

> Kurze Sätze umfassen zwischen 6 und 8 Wörtern,
> mittellange bestehen aus 9 bis 22
> und „wirklich" lange Sätze umfassen 23 Wörter und mehr.

Meine persönliche These in diesem Zusammenhang lautet: *„Die ideale Frage umfasst genau sieben Worte."* Sie ist orientiert an der Subjekt-Prädikat-Objekt-Grundstruktur der deutschen Sprache.

Die	Ideale	Frage	Umfasst	Genau	Sieben	Worte
Artikel	*Attribut*	**Subjekt**	**Prädikat**	*Attribut*		**Objekt**

Dieser Satz stellt das Optimum an Verständlichkeit dar. Damit korreliert aus meiner Sicht auch der wahrgenommene Druck: Eine Sieben-Wort-Frage übt in diesem Sinne „normalen" Druck auf den Gesprächspartner aus.

Einbezug des Fragenden durch Einfügen eines Pronomens, das auf ihn verweist

Normalerweise tritt der Fragende hinter der Frage zurück, seine fragende Rolle findet in der Frageformulierung selbst keinen Niederschlag. Die Einfügung von Worten wie „Mich interessiert…" oder „Ich bin neugierig…" verweisen auf die Aktivität des Fragers und führen (psychologisch) zu einer Entlastung des Befragten.
Beispiel: *„Was mich an dieser Stelle interessiert, ist: Wie kommt es, dass das Klima in den Gesprächen in den letzten Wochen stetig schlechter wurde?"*

Einbezug des Befragten durch Einfügen eines einleitenden Fragesatzes
Der Bezug auf den Befragten und seine vermeintliche Meinung nimmt ebenfalls ein Stück Druck aus der Frage. Entlastend sind Frageformulierungen wie „Wissen Sie …", „Wie erklären Sie sich …", „Was meinen Sie…".
Diese Formulierung kann der eigentlichen Frage nachgefügt werden, oder in sie integriert werden.

Beispiel: „*Welche Erklärung haben Sie dafür, dass das Klima in den Gesprächen in den letzten Wochen stetig schlechter wurde?*"

Einbezug eines Fragekontextes durch erklärende Ausführungen
Einleitende Ausführungen, welche Details und Hintergründe der Fragen enthalten, verlängern die Frage und wirken dadurch generell entlastend. Gleichzeitig können Sie aber auch durch eine enge Eingrenzung des Fokus den Druck erhöhen. Eine Gefahr bei solchen Frageverlängerungen besteht gleichwohl darin, den Gesprächspartner durch zu viele Details zu verwirren, indirekt Mehrfachfragen zu konstruieren und mögliche Antworten bereits vorzugeben. Also: Vorsicht!

Erlaubnisfrage
Extrem „vorsichtig" wird die Frage durch die Verwendung einer Formulierung, mit der man um Erlaubnis bittet, eine Frage stellen zu dürfen. Dies kann zum Beispiel bei „ungewöhnlichen" systemischen Fragen durchaus angesagt sein:
Beispiel: „*Ich werde Ihnen nun eine zugegeben etwas ungewöhnliche Frage stellen – und Sie müssen sie auch nicht beantworten –, aber mich würde interessieren, wie Ihr Kollege es schafft, trotz Ihres manchmal doch sehr aufbrausenden Tons so gelassen zu bleiben.*"
Abgesehen von der Fragekonstruktion gibt es noch zwei weitere bedeutsame Aspekte.

Pausen zwischen den Fragen
Je kürzer die Pause zwischen einzelnen Fragen, desto drängender wird die Situation erlebt. Folgt Frage auf Frage, ähnelt die Situation einem Frage-Bombardement. Längere Pausen zwischen den Fragen geben dem Befragten mehr Zeit zum Antworten, er fühlt sich weniger bedrängt.

Fragesprache
Normalerweise gelten sog „Weichspüler" wie „irgendwie" oder „eigentlich" als Zeichen von Unentschlossenheit und Verzagtheit. Heute sieht man das differenzierter, kontextabhängiger. Bezogen auf Fragen bedeutet dies:

- Wenn Sie entschlossen nach Fakten fragen wollen, dann verzichten Sie auf Weichspüler.
- Wenn Sie aber bewusst einen gewissen Spielraum für mögliche Relativierungen zulassen **wollen,** dann setzen Sie diese gezielt ein.

Hier gibt es eine Fülle höchst interessanter Ansätze und Sprachtheorien, wie man durch geeignete Wortwahl den Charakter einer Frage entscheidend prägen kann (z. B. hypnotherapeutische Ansätze).

Ausgewählte Anwendungsfelder

6

Nachdem Sie nun viel über Fragearten und Fragekonstruktionen erfahren haben, möchte ich eine Auswahl konkreter systemischer Anwendungen und Beispiele geben. Im Sinne einer übergeordneten Orientierung beziehen sich die folgenden Fragebeispiele auf die fünf zentralen Aspekte systemischen Fragens vom Anfang dieses Essentials.

Natürlich stellt sowohl die Fokussierung auf diese fünf Aspekte als auch die jeweilige Reduktion auf ausgewählte Beispiele eine große Einengung des Fragespektrums dar. Gleichwohl ist eine solche Beschränkung im Rahmen dieses Essentials unumgänglich.

© Springer Fachmedien Wiesbaden GmbH, ein Teil von Springer Nature 2021   41
A. Patrzek, *Systemisches Fragen*, essentials,
https://doi.org/10.1007/978-3-658-33148-1_6

Vernetztheitsorientierung

Um Ansatzpunkte für weiter gehende Fragen zu finden, bietet es sich an, die Gesamtsituation des Systems systematisch zu erfassen und zu strukturieren. Oft besteht nämlich die Gefahr, dass man sich bei der Analyse einer Situation auf einige wenige, naheliegende Faktoren beschränkt. Nicht sofort einsichtige – aber nichtsdestoweniger wichtige – Parameter geraten dadurch aus dem Blickfeld, werden übersehen.

Am einfachsten ist es, sich hierzu die Gesamtsituation grafisch zu vergegenwärtigen. Dazu erstellt man sich eine „Systemlandschaft", ein „Strukturbild", im dem man die wichtigsten „Elemente" erfasst und systematisiert darstellt.

Abb. 7.1 stellt ein einfaches Beispiel dar: Die wesentlichen konstituierenden Merkmale der Gesamtsituation, also Personen, Personengruppen und Aufgaben bzw. Ergebnisse, werden nach einer bestimmten Systematik eingetragen:

- Die Rechtecke (oben, unten und seitlich) stehen für die beteiligten Abteilungen.
- Die Kreise in den Rechtecken stehen für Personen.
- Das Quadrat zwischen den Abteilungen steht für das „Thema", den „Vorfall".
- Das Vieleck um das Quadrat steht für den übergeordneten Prozess (z. B. ein Projekt).
- Rahmen stehen für Abteilungen/Teamgrenzen, die sie umfassen.
- Zusätzliche Zeichen stehen für wesentliche Dokumente/Vereinbarungen/Schriftstücke.

© Springer Fachmedien Wiesbaden GmbH, ein Teil von Springer Nature 2021
A. Patrzek, *Systemisches Fragen*, essentials,
https://doi.org/10.1007/978-3-658-33148-1_7

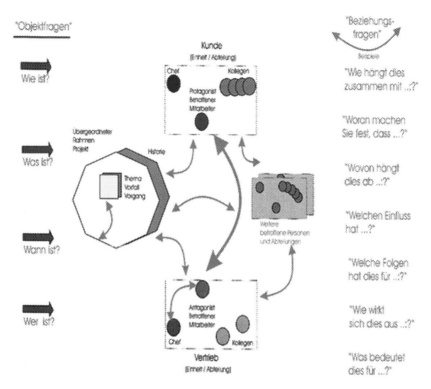

Abb. 7.1 Systemlandschaft

Natürlich kann man noch eine Reihe weiterer Parameter erfassen und integrieren; mit zunehmender Komplexität wird es allerdings immer unübersichtlicher und unhandlicher. Zudem geht es ja darum, wichtige Aspekte zu erfassen.

Diese Systemlandschaften repräsentieren einen wesentlichen Aspekt des systemischen Denkens: dass eine Gesamtsituation immer durch die Interaktion und Wechselwirkungen verschiedener Elemente und Prozesse gekennzeichnet ist.

Beim Hinterfragen dieser Systemlandschaft gibt es kein Patentrezept bezüglich der Reihenfolge der Fragen. Aus praktischen Gründen empfiehlt es sich jedoch,

- mit „unbelebten" Objekten zu beginnen, diese nacheinander zu analysieren,
- nicht zu sehr zwischen verschiedenen Themen zu springen,
- im zweiten Schritt die beteiligten Menschen zu befragen und
- dann die Wechselwirkungen zwischen Menschen, Objekten sowie Menschen und Objekten zubetrachten.

Als Beispiel dient wieder die Situation, in der sich ein Mitarbeiter bei seinem Chef über das Verhalten des Kunden beschwert. In Abb. 7.1 sind alle relevanten „Parameter" vermerkt.

Vor dem Hintergrund einer solchen Systemlandschaft lassen sich nun zwei Arten von Fragen unterscheiden: **Objekt- und Beziehungsfragen.**

- Während sich **Objektfragen** (gerade Pfeile links) mehr auf „Informationen", „Details" zu den beteiligten Personen und relevanten „Gegenständen" konzentrieren, fokussieren **Beziehungsfragen** (gebogene Pfeile in der Grafik) die wechselseitigen Abhängigkeiten und Relationen. Hier kommt das „eigentlich" Systemische zum Tragen: die Analyse der **Strukturen** und Beziehungen der beteiligten Elemente eines Systems sowie die Erklärungen, die der Einzelne und/oder die anderen Beteiligten über sich und die verschiedenen Umwelten haben.

Viele Fragende konzentrieren sich sehr früh auf Personen und deren vermeintliche Eigenschaften oder charakterlichen Merkmale. Unter einem systemischen Blickwinkel fokussiert man hingegen die Art und Weise, in welcher diese Personen mit ihren Umwelten interagieren, kommunizieren.

Tab. 7.1 zeigt ein Beispiel für solche Fragen

Tab. 7.1 Objekt- und Beziehungsfragen k

Typische Objektfragen	Typische Relationsfragen
Zeitlicher Aspekt	*Aspekt Ursache/Wirkung*
Wann/ seit wann?	Wie wirkt sich … aus auf …?
Wie lange?	Wodurch wurde … ausgelöst?
Was genau war/entstand zum Zeitpunkt xy?	Wie sind die gegenseitigen Verflechtungen zwischen …?
…	…
Quantitative Aspekte	*Aspekt: Emotionale Beziehung*
Wie viele?	Wie ist das Verhältnis zwischen …?
Was?	Wodurch sind … verbunden?
Welchen Umfang hat …?	Wie gehen die beiden miteinander um?
…	…
Qualitative Aspekte	*Aspekt: Erwartung*
Wie genau?	Was erwartet X von Y?
Welcher Art?	Was erhofft sich X von Y?
Was kennzeichnet …?	Was befürchtete X von Y?
…	…
Personelle Aspekte	*Aspekt: Austausch*
Wer?	Wozu benutzt X den Y?
Welche Personen?	Inwieweit schützt X den Y?
Wie ist die Person …?	Welches Gleichgewicht nutzen X und Y …?
…	…
Weitere Aspekte	*Weitere Aspekte*
…	…

Konstruktivismusorientierung

8

Vereinfacht formuliert bedeutet das, zu akzeptieren, dass es keine allumfassende Realität und Objektivität gibt, sondern dass jede Person ihre eigene Sicht auf die Dinge hat, ihr eigenes Universum an Werten, Einsichten, Fantasien; und dass das von außen sichtbare Verhalten einer Person das Resultat innerer Prozesse ist. Das Ziel von systemischen Fragen ist nun, diese Verbindung von äußeren und inneren Prozessen durch Fragen abzubilden und einer Reflexion zugänglich zu machen.

Dabei teilt man einen normalen „komplexen" Handlungsprozess in vier aufeinanderfolgende Teilschritte auf:

- Am Anfang steht eine bestimmte Außenwahrnehmung über Sinnesorgane,
- die in uns zu bestimmten Interpretationen führt
- und dadurch wieder subjektive Bewertungen auslöst.
- Reaktionen im Sinne von Handlungen oder Nicht-Handlungen basieren auf den drei vorausgehenden Prozessen.

Als Raster bietet sich das VIEW-Akronym an:

- *V*erhalten (Wahrnehmung) beschreiben
- *I*nterpretieren, sich erklären
- *E*inschätzen, bewerten
- *W*ollen, lösen, ins Tun kommen

Auch hier können wir als Beispiel die Beschwerde des Mitarbeiters über den Kunden nehmen (vgl. Tab. 8.1).

Normalerweise sollten sich die Fragen an dieser Reihenfolge orientieren. Gleichwohl kann man auch springen.

Tab. 8.1 Fragen nach dem VIEW-Schema

Beschreiben	Erklären	Bewerten	Lösen
Fragen danach, was der Mitarbeiter im Zusammenhang mit dem „Problem/Phänomen" wahrgenommen hat	Fragen danach, wie sich der Mitarbeiter die Entstehung und die Existenz des „Problems/Phänomens" erklärt	Fragen danach, wie der Mitarbeiter sein Verhalten im Kontext des „Problems/Phänomens" bewertet	Fragen danach, welche Lösungen der Mitarbeiter für sein „Problem/Phänomen" in Betracht zieht
Diese Fragen fokussieren die *Wahrnehmung* des Kunden	Diese Fragen fokussieren individuelle *Denkmuster,* Glaubenssätze und Überzeugungen	Diese Fragen fokussieren die *Einstellungen* des Mitarbeiters dem Problem gegenüber	Diese Fragen fokussieren denkbare Alternativen und *Handlungsmöglichkeiten*
Woran genau erkennen Sie, dass …?	Wie erklären Sie sich, dass …?	Wie bewerten Sie …?	Welche Kriterien müsste eine Mindestlösung erfüllen?
Was sind aus Ihrer Sicht wesentliche Merkmale von …?	Worauf führen Sie zurück, dass …?	Welche Bedeutung hat für Sie …?	Woran würden Sie einen ersten Impuls zu Veränderung erkennen?
Was wäre geschehen, wenn…?	Welchen Ihrer zentralen Glaubenssätze widerspricht dies?	Wodurch könnte jemand zu einer diametral anderen Bewertung kommen?	Welche Ressource benötigen Sie, um einen kleinen Schritt weiterzukommen?
Wie würde Ihr Kollege die Situation beschreiben …?	Was hätte es bedeutet, wenn…?	Auf einer Skala von 0 bis 10: Wie irritierend finden Sie es?	Bei wem könnten Sie sich noch Unterstützung holen?

Der nächste Ansatz für systemische Fragen hängt eng mit dem Konstruktivismusgedanken zusammen. Die *Worte,* die wir verwenden, sagen sehr viel über unsere Weltsicht, unsere innere Realität und unsere Persönlichkeit aus. Sie repräsentieren sowohl unsere augenblickliche emotionale und kognitive Verfassung als auch unsere generelle „Sicht auf die Dinge".

Systemisch Fragen bedeutet in diesem Zusammenhang, das Wort-Bedeutungs-Geflecht einer Person verstehen zu wollen, um evtl. damit verbundene (Vor-)Urteile, Pauschalisierungen zu thematisieren.

Theoretisch hat hier der NLP-Ansatz (Neuro-Linguistisches Programmieren) mit der Metatheorie der Sprache einen wichtigen Beitrag geleistet: Vor dem Hintergrund der Unterscheidung von Oberflächen- und Tiefenstrukturen der Sprache kann man diejenigen Transformationsprozesse verstehbar machen und auflösen, die daran beteiligt waren, das „ursprünglich" bzw. „eigentlich" Gedachte und Gefühlte durch artikulierte und formulierte Sprache in Worte zu gießen. (NLP unterscheidet hier drei Transformationsprozesse: Tilgungen, Verzerrungen und Generalisierungen.)

Ich möchte Ihnen an dieser Stelle eine für den täglichen Gebrauch ausgelegte Systematik vorstellen: wortbasiertes Fragen. Das bedeutet, dass man jedes Wort in einem Satz aufgrund seiner Funktion und Zuordnung hinterfragen kann (wobei natürlich die NLP-Transformationsprozesse indirekt berücksichtigt werden).

Beim wortbasierten Fragen nimmt man Bezug auf die Aussage des Gesprächspartners und greift die in einem Satz enthaltenen Worte ganz gezielt auf.

Hintergrundfragen lauten:

- Warum verwendet der Sprecher gerade dieses Wort?
- Was verbindet er damit?
- Was möchte er dadurch zum Ausdruck bringen?

© Springer Fachmedien Wiesbaden GmbH, ein Teil von Springer Nature 2021
A. Patrzek, *Systemisches Fragen*, essentials,
https://doi.org/10.1007/978-3-658-33148-1_9

- Was „vernebelt" er dadurch?
- Was verallgemeinert er?
- Was verkürzt er?

Wortorientiertes Fragen – allgemein
Generell sind alle Worte gleichermaßen bedeutsam. Am ergiebigsten – und einfachsten – ist es jedoch, entsprechend einer bestimmten „Grundrichtung" zu fragen, also: „*Wer genau* (Subjekt) *macht was genau* (Prädikat) wie[1] *mit wem genau* (Objekt)?" Bleiben wir wieder bei unserer bekannten Ausgangssituation (vgl. Abb. 9.1, Tab. 9.1).

Profi-Tipp
Fokussieren Sie anfangs folgende drei Aspekte.

- Hinterfragen Sie zuerst alle „Verallgemeinerungen" (*„immer"*).
- Fokussieren Sie dann Zuschreibungen und Eigenschaften (*„pedantisch"*) und
- lösen Sie dann Verben (*„frustriert"*) in das konkrete Tun auf.

Abb. 9.1 Mustersatz mit Zuordnung der Satzelemente

---

[1]Beim „wie" spielen noch Präposition, Pronomen, Numerale, Adverbien eine Rolle.

Tab. 9.1 Wortbasiertes Fragen

Was unterscheidet ihn von anderen Kunden?	Was genau verstehen Sie unter pedantisch?	Was macht er beim Kunden genau?	Was verstehen Sie unter frustrieren?	Was meinen Sie mit „alle"?	Welches Merkmal haben diese Lieferanten gemeinsam?
Mit welchem anderen vergleichen Sie ihn?	Was macht er genau, wenn er pedantisch ist?	Was kennzeichnet ihn (sonst) als Kunden?	Wie genau frustriert er?	Gibt es da auch Ausnahmen?	Was kennzeichnet diese Lieferanten?
Gibt es auch Kunden, die anders sind?	Woran erkennen Sie, wenn er pedantisch ist?	Wie lange ist er schon Kunde?	Woran erkennen Sie das?	Wen frustriert er damit nicht?	Welche Art von Lieferanten ist besonders demotiviert?
Wie viele Kunden kennen Sie?	Wie äußert sich dieses Pedantisch-Sein?	Welche Funktion hat er?	Wie helfen Sie ihm, Sie zu frustrieren?	Weshalb schafft es keiner, sich dem zu entziehen?	Welche Art von Lieferanten würde sich nicht demotiviert fühlen?

Veränderungsorientierung 10

Mehr als die Vergangenheit interessiert mich die Zukunft, denn in ihr gedenke ich zu leben.

Dieses Zitat von Albert Einstein bringt pointiert eine der Grundfesten des systemischen Ansatzes auf den Punkt. Es geht vor allem um zukünftiges Verhalten und um die optimale Bewältigung entsprechender Herausforderungen. Was natürlich nicht bedeutet, dass man Erfahrungen aus der Vergangenheit negiert. Selbstverständlich trägt die Berücksichtigung von erworbenen Kompetenzen und Erfahrungen in der Vergangenheit sowie erfolgreicher Bewältigungsstrategien wesentlich zum Verständnis der aktuellen Situation bei. Aber vorrangig sind das Hier und Jetzt und die Zukunft.

Von Steve de Shazer (1999) stammt der provokant anmutende Satz: „Das Problem hat mit der Lösung nichts zu tun." Diese im ersten Moment irritierende Äußerung spiegelt nur die Erfahrung wider, dass viele Lösungen relativ wenig mit der ursprünglich auslösenden Situation zu tun haben.

Wenn z. B. ein Kollege „vergrault" ist wegen eines versäumten Termins, bringt es wenig, immer und immer wieder die Ursachen dafür anzusprechen und Hintergründe zu eruieren. Kurz mag das angemessen sein, dann geht es aber eher darum, zu klären: Was kann wer tun, damit so etwas in Zukunft verhindert wird, und welche vertrauensbildenden Maßnahmen könnten hilfreich sein, um die Beziehung zum Kollegen wieder zu kitten?

Selbstverständlich gibt es eine große Fülle von Konzepten und Ideen, um sich Veränderung mit Hilfe von Fragen systemisch zu nähern. Im weiteren Sinne sind auch alle anderen in diesem Kapitel beschriebenen Ansätze dazu hilfreich. Gleichwohl möchte ich aus der Vielzahl der Konzepte drei herausgreifen:

© Springer Fachmedien Wiesbaden GmbH, ein Teil von Springer Nature 2021   53
A. Patrzek, *Systemisches Fragen*, essentials,
https://doi.org/10.1007/978-3-658-33148-1_10

- Wunderfragen
- Ausnahmefragen
- Verschlimmerungsfragen

Wunderfragen

In der Konstruktion basiert die Wunderfrage auf einer Spezialform einer hypothetischen Frage. Sie wurde von Steve de Shazer in der Kurzzeittherapie eingeführt und soll neue Lösungsszenarien eröffnen. Der Fokus ist nicht auf Hindernisse oder Unmöglichkeiten gerichtet (*„Warum geht es nicht?"*), sondern auf die Situation,

> „Sie steigen in ein gemütliches Bett und bereiten sich für einen erholsamen Schlaf vor. Während der Nacht, wenn Sie tief schlafen, geschieht ein Wunder und das Ergebnis ist, dass alle Sorgen und Nöte, die Sie hier zu mir geführt haben, verschwunden sind." (Schnippt mit den Fingern) „Einfach so. Weil dies in der Nacht geschieht, wenn alle schlafen, weiß niemand, dass ein Wunder geschehen ist und alle Probleme gelöst sind." (Pause)

> „Wenn Sie langsam wach werden, was wäre der erste Hinweis, der Sie stutzig werden lässt, ob in der Nacht ein Wunder geschehen ist und alle Probleme gelöst sind? Wie würden Sie anfangen, die Wirkungen des Wunders zu entdecken?"

wenn das Ziel erreicht ist (*„Wie wird es gehen?"*). Man zielt auf die schöpferischen Potenziale jedes Menschen und will ihn dadurch in eine positive Stimmung versetzen *(Lösungstrance)*.

Dies ist die Wunderfrage, in Reinform. Natürlich muss man sie nicht immer streng orthodox anwenden – folgende Spielarten sind möglich:

- *„Stellen Sie sich vor, ein Wunder geschieht und das Problem ist gelöst. Woran würden Sie dies zuerst merken…?"*
- *„Stellen Sie sich vor, Sie haben Zauberkräfte und können das Problem über Nacht wegzaubern: Woran…?"*
- *„Stellen Sie sich vor, eine gute Fee kommt und löst für Sie über Nacht das Problem. Woran…?"*
- *etc.*

Wichtig ist aber immer der Bezug auf die Merkmale der veränderten Situation für den und im Befragten: Es geht also um die Wahrnehmung von Unterschieden! (Hier kann man auch mit skalierenden Fragen ideal einsteigen: *„Woran würden Sie es zuerst merken… Wer würde es zuerst merken, wer am wenigsten…"*) Wichtig: Diese Fragen bitte nur sparsam, gezielt und selten einsetzen.

Ausnahmefragen Viele Menschen tendieren dazu, wahrgenommene Probleme als statisch wahrzunehmen und als unabänderlich im Auftreten. Aussagen wie *„Das ist schon immer so"* oder *„Ich kann mich an keine Ausnahme erinnern"* helfen (unbewusst) dabei, das Problem festzuschreiben und als unlösbar zu fixieren. Hier setzen Ausnahmefragen an und suchen nach der Ausnahme von der Regel. Wenn ein unangenehmer Sachverhalt einmal nicht auftrat, so bedeutet dies,

- dass sich eine Situation nicht zwangsläufig in diese (negative) Richtung entwickeln muss und
- es folglich Personen/Situationen/sonstige Umstände geben muss, die dies bewirken.

Beispielfragen:

- *„Wann gab es schon einmal eine Ausnahme?"*
  - *Wann trat diese auf?*
  - *Wodurch wurde diese ausgelöst?*
  - *Was könnte man tun, um das Ausnahme-Verhalten zu wiederholen?*
- *„Sie sagen, es gibt absolut keine Ausnahme. Wenn Sie aber nun ganz feine Unterschiede im Problemverhalten messen könnten, also so wie ein Miniseismograph,… was wären dann kleinste Schwankungen?"*
- *„Wen in Ihrer Umgebung müsste ich fragen, der doch Unterschiede wahrnimmt?"*

Verschlimmerungsfragen
Verschlimmerungsfragen stellen unter einem handlungszentrierten Blickwinkel das letzte Werkzeug eines Beraters dar. Wenn alle Wunderfragen und Ausnahmefragen nichts fruchten, der Beratene in „schiere" Depression und Apathie zu verfallen droht, dann helfen oftmals nur noch sie. Man fordert den Befragten auf, sich eine Situation vorzustellen, in welcher er durch sein Verhalten zur Verschlimmerung des „Symptoms" beitragen kann.

Der Gedanke ist nun: Wenn eine Person die Möglichkeit hat, zur Verschlimmerung einer Situation beizutragen, dann hat sie eine gewisse Handlungskompetenz, ist also nicht völlig ohnmächtig, und kann auch andere oder weitere Schritte zur positiven Veränderung einleiten.
Beispielfragen:

- *„Was könnte schlimmstenfalls geschehen?"*
- *„Wenn Sie eine Verschlimmerung bewirken wollten, was müssten Sie tun?"*

- *„Wer müsste was tun, um dazu beizutragen, dass es sich verschlimmert?"*
- *„Was müssten Sie unterlassen, um eine Verschlimmerung zu beschleunigen?"*

Perturbationsorientierung 11

Perturbation bedeutet Störung und ist eng verbunden mit Begriffen wie „durcheinanderwirbeln", „beunruhigen" oder „verwirren". In der Systemtheorie und dem Konstruktivismus wurde der Begriff „Störung" als eigenständiger Fachbegriff eingeführt, um darauf hinzuweisen, dass Störungen auch positive Auswirkungen auf Systeme haben können.

Bezogen auf Personen oder menschliche Systeme bedeutet dies, dass es oftmals nur einer „kleinen Störung" bedarf, um Veränderungen auszulösen. Das kann z. B. das Benennen oder Infragestellen gewohnter Sichtweisen oder innerer Gewissheiten sein, das den Blick auf neue Perspektiven freigibt. In einem weiten Sinne ist jede Frage bereits eine Störung.

Ich möchte Ihnen an dieser Stelle keine weiteren „normalen" Fragen mehr vorstellen, sondern Sie kurz in den Bereich der „ungewöhnlichen" Fragen entführen.

Einige Aspekte vorab:

- Natürlich ist die Verwendung dieser Fragen nur nach sorgsamer Abwägung anzuraten.
- Sie müssen zu Ihnen als fragender Person passen.
- Sie sollen den Gesprächspartner keineswegs kränken – sondern nur ein wenig „anstupsen" (d. h., bei völlig humorlosen Personen sind sie absolut kontraindiziert).
- Sie setzen unbedingt eine tragfähige gute Beziehung zum Gesprächspartner voraus.
- Sie sollten sparsam, d. h. selten eingesetzt werden.

© Springer Fachmedien Wiesbaden GmbH, ein Teil von Springer Nature 2021
A. Patrzek, *Systemisches Fragen*, essentials,
https://doi.org/10.1007/978-3-658-33148-1_11

Utopische und ungewöhnliche Expertenfragen

- *Angenommen, alle Experten, die Ihnen bei Ihrer Problemlösung helfen könnten, wären tot. Was würden Sie machen?*
- *Gesetzt den Fall, der beste Berater der Welt würde Sie unterstützen. Was würde der Ihnen raten?*
- *Stellen Sie sich vor, Marsmännchen landen unbemerkt vor Ihrem Büro und beobachten Sie drei Tage lang. Was würden die zu Hause berichten?*

„Bühnen"-Fragen

- *Angenommen, Hollywood dreht einen Film über Ihre Situation:*
  - *Wie sollte der Titel sein?*
  - *Wer sollte die Hauptrolle spielen?*
  - *Wie sollte das Ende sein?*
- *Gesetzt den Fall, es gäbe ein neues Computerspiel, das auf Ihrer Situation basiert:*
  - *Wie geht es?*
  - *Wie sehen die Figuren aus?*
  - *Was ist das höchste Level?*
- *Wenn Ihnen ab morgen BILD eine tägliche Kolumne widmet:*
  - *Wie wäre die Überschrift?*
  - *Wie wären Leserkommentare?*

Metaphorische Fragen

- *Wenn Sie sich Ihr Team und sich selbst als Korb vorstellen, mit einer Fülle verschiedener bunter Früchte:*
  - *Wer ist dann aus der eher exotischen Fraktion?*
  - *Wer wird immer von anderen verdeckt?*
  - *Wer ist etwas bitter?*
  - *Wer wirkt schon etwas „überfällig"?*

Verdinglichende – etwas provokante – Fragen

- *Wie müsste ein Kündigungsschreiben an das Problem formuliert sein?*
- *Wo würde das Problem gerne Urlaub machen?*
- *Wie viele Zimmer darf das Problem in Ihrem Haus bewohnen?*
- *Würden Sie das Zusammenleben mit dem Problem eher als wilde Ehe oder als feste Partnerschaft bezeichnen?*

Systemische Fragekompetenz – mehr als Fragetechnik

Bislang standen die systemischen Fragen per se im Vordergrund, es ging also vorrangig um das „welche" und das „was" und ansatzweise auch um das „wie". Diesem „wie" soll nun abschließend mehr Raum gegeben werden. Ich möchte die Ausführungen dazu in folgende Abschnitte teilen:

- Fragekompetenz allgemein
- Systemische Grundhaltungen: Neutralität, Zirkularität und Hypothesenbildung
- Aktives Zuhören
- Vermeidung allgemeiner Fragefehler (Abb. 12.1)

Ausgangspunkt der nun folgenden Überlegungen sind meine Erfahrungen als Trainer, die ich seit mehr als 15 Jahren in über 500 Seminaren zu diesem Thema gesammelt habe. Mein Credo lautet: Fragekompetenz ist mehr als reine Fragetechnik.

Während Fragetechnik den „handwerklich-technischen" Aspekt meint, fokussiert Fragekompetenz das gesamte Frageverhalten einer Person aus einer umfassenden Perspektive.

Darunter verstehe ich die Fähigkeit,

- in der passenden Situation
- unter Berücksichtigung des eigenen Know-hows und nötigen Hintergrundwissens
- in optimaler Art und Weise
- eine geeignete Frage zu finden
- und so zu formulieren,
- dass die Ziele des Fragenden möglichst erreicht werden,
- ohne dabei dem Befragten in unangenehmer Weise zu nahe zu treten.

Abb. 12.1
Fragekompetenz

Professionelle Fragekompetenz besteht aus meiner Sicht aus mindestens vier psychologischen Kernkompetenzen:

- **Offensivität**
- **Loslassen Können**
- **Perspektivität und Kreativität**
- **Veränderung des Selbstkonzepts**

- **Offensivität**
  Jeder Fragende übt immer einen gewissen Druck auf seinen Gesprächspartner aus, um die gewünschte Information zu erhalten (siehe Metamodell der Frage). Dafür bedarf es aufseiten des Fragenden einer gewissen inneren „Offensivität", d. h. der Bereitschaft, Fragen zu generieren und zu formulieren, die beim Gegenüber womöglich auch nicht gleich verstanden und akzeptiert werden.
- **Loslassen können**
  Durch systemische Fragen wird der Fragende auch bislang nicht Erwartetes, Überraschendes erfahren bzw. damit konfrontiert sein. Die Fähigkeit, sich darauf einzulassen, dies zuzulassen, erfordert eine bestimmte psychische Kompetenz, die ich am ehesten mit dem Begriff „Loslassen" beschreiben möchte. Der Fragende ist offen für Neues und lässt sich dazu auf die Situation, den Gesprächspartner und die neue Information ein. Dafür bedarf es einer gewissen inneren Sicherheit, eines Grundvertrauens.

- **Perspektivität und Kreativität**
  Der Fragende muss die gesamte Fragesituation permanent reflektieren und aus einer „Außenperspektive" betrachten können. Er muss eine Vielzahl von Einzelparametern und den Gesamtprozess im Blick haben und abwägen:
  - Welche Hypothese habe ich?
  - Wie war meine Frage eben formuliert?
  - Wie war sie platziert?
  - usw.

  Dazu bedarf es neben einer gewissen Reflektiertheit und Selbstreflexion auch der Fähigkeit, neue, kreative Sichtweisen und Lösungsansätze zuzulassen.

- **Veränderung des Selbstkonzepts**
  Ein weiterer Aspekt soll hier Erwähnung finden, der eng mit dem Selbstkonzept einer Person verbunden ist, also der Art und Weise, wie man sich selbst sieht und definiert. In gewissem Sinne bildet dieser Aspekt auch eine übergeordnete „Klammer" für die drei vorangehenden Aspekte. Die gezielte Verwendung systemischer Fragen in einem Gespräch verändert die Rolle des Fragenden in der Situation nachhaltig. Der systemisch **Fragende** wird sich in einer neuen Form der Kommunikation und Interaktion erleben. Dazu tragen folgende Aspekte bei:

- **Frageanwendung per se**
  In „normalen" Gesprächssituationen stellen Führungskräfte nur relativ selten Fragen. Dies entspricht einer Grundhaltung, die sich vor allem durch Eigenschaften wie Aktivität, Zielorientierung und Entscheidungsstärke definiert. Der „Aktive" trifft Aussagen, fordert, entscheidet, wohingegen dem „Fragenden" das Image der Unsicherheit und Zögerlichkeit anhaftet: Wer viel fragt, handelt entgegen dieser Grundeinstellung.

- **Fragehäufigkeit**
  Im beruflichen Alltag kommt es nur selten vor – und wenn, dann in verhörähnlichen Situationen –, dass eine Führungskraft mehrere Fragen in Folge stellt. Meist wird nach drei bis vier Fragen ein Resümee gezogen und der Fragende kehrt in seiner Kommunikation zu Ich-Aussagen zurück.

- **Frageart**
  Hypothetische, zirkuläre und skalierende Fragen kommen zwar durchaus im Alltag vor („Was meinst du, ob den Gästen das Essen geschmeckt hat?", *„Was würde dein Vater sagen, wenn wir ihn zu Weihnachten zu uns einladen?"…*), im beruflichen Kontext findet man sie aber eher selten. Das hat zur Folge, dass allein schon die Anwendung für den Fragenden und den Befragten mit Aufmerksamkeit registriert wird und die Frage somit aus der Vielfalt der sonst

gestellten „normalen" Fragen hervorsticht. Sie wird gleichsam als Frage per se spürbarer, kristallisiert.

Durch diese – und weitere – Aspekte tritt die systemisch fragende Führungskraft aus der klassischen Interaktionsrolle heraus und gestaltet diese neu. Und die Reflexion dessen führt zu einer veränderten Selbstsicht, einem veränderten Selbstkonzept, das für viele ungewohnt und daher erst einmal irritierend sein mag. Aber: Dies ist eine immanente Folge des systemischen Fragens und sollte dementsprechend reflektiert und akzeptiert werden.

Systemische Grundhaltungen: Neutralität, Zirkularität und Hypothesenbildung

Die drei Begriffe stammen – wie auch die Hypothesenbildung im nächsten Abschnitt – aus der Systemischen Theorie und sind sehr mit der Anwendung in einem therapeutischen Setting verbunden. Die Anwendung im Umfeld von Führung bedingt bestimmte Relativierungen bzw. Spezifizierungen.

Neutralität
Neutralität steht für die Respektierung von Andersartigkeit und von Unterschieden. Das kann sich sowohl auf Personen als auch auf (deren) Ideen, Gedanken und Positionen beziehen. Im beruflichen Setting wird dies in der Regel schwer zu leisten sein: Denn bereits qua Position und Arbeitsvertrag wird sich die Fach- und Führungskraft gegenüber bestimmten Positionen der Organisation loyal verhalten müssen. Dies betrifft infolgedessen auch gewisse Meinungen und Positionen von Mitarbeitern, Kollegen und Vorgesetzten sowie Externen (360-Grad-Perspektive).

Gleichwohl kann eine Fach- oder Führungskraft versuchen, ein gewisses Maß an Neutralität zu realisieren. Folgende (Reflexions-)Techniken sind hier zu empfehlen:

- Selbstwahrnehmung
  Basis ist eine ehrliche Selbstreflexion der eigenen ersten intuitiven Parteilichkeit:
  – *Wozu tendiere ich spontan?*
  – *Wie kann ich versuchen, diese Impulse erst einmal in den Hintergrund zu stellen?*
- Metaebenen-Perspektive
  Durch den Wechsel in eine Helikopter-Perspektive sollen übergeordnete Gesichtspunkte berücksichtigt werden.
- Nicht-wertende Würdigung
  Auch wenn Ansichten des Gegenübers auf den ersten Blick „fremd" oder „verrückt" erscheinen mögen, sollte die Führungskraft diesem Erstimpuls nicht

A. Patrzek, *Systemisches Fragen*, essentials,
https://doi.org/10.1007/978-3-658-33148-1_13

unreflektiert folgen, sondern versuchen, erst einmal dem Gesprächspartner in dessen Gedankenwelt zu folgen und ihn zu verstehen. Man spricht auch von einer ‚Open mind'-Haltung.

• Zurückstellen
Neutralität heißt nicht, keine eigene Meinung zu haben, sondern lediglich, diese nicht in einer doktrinären Form und sofort einzubringen.

Zirkularität
Zirkularität ist einer der wichtigsten – wenn nicht sogar *der* zentrale – Begriff im systemischen Ansatz. Er stammt aus der Kybernetik und beschreibt das Resultat von Rückkopplungsprozessen. Dadurch wird ein Verhalten einer systemischen Einheit beschrieben, in dem die Wirkungen des eigenen Verhaltens (Outputs) rückgekoppelt werden, um das zukünftige Verhalten des Systems direkt und unmittelbar beeinflussen zu können.

Das Gegenmodell zum zirkulären ist das lineare Denken, auch einfaches Ursache-Wirkung-Denken genannt. Die Mehrzahl der Interaktionen zwischen Menschen folgt nicht linearen Prozessen, sondern zirkulären. Zirkuläre Fragen stammen vom Wortursprung her aus diesem Ansatz und dienen per se dazu, Zirkularität offenzulegen und zu hinterfragen.

Interessant ist in diesem Zusammenhang auch der Ansatz der doppelten Kontingenz von Niklas Luhmann (Pfeifer, 2004). Dies bezeichnet einen selbstreferentiellen Zirkel, der nur dadurch entsteht, dass sich A am Verhalten von B auszurichten versucht, während B sein Verhalten an As Verhalten anschließen möchte. Dieser Zirkel ist in rudimentärer Form eine neue Einheit, die auf keines der beteiligten Systeme zurückgeführt werden kann.

Hypothesen und Hypothesenbildung
„Gutes" Fragen zeichnet sich vor allem auch dadurch aus, dass es kein planloses „Wild-durch-die-Gegend-Fragen" darstellt, sondern zielorientiert nach einer inneren Struktur und Logik erfolgt. Eine zentrale Rolle dabei spielt die sog. Hypothesenbildung. Als Hypothesen bezeichnet man theoretische Annahmen, die der Fragende über Zusammenhänge und Wirkmechanismen in Systemen bildet. Die Bildung von Hypothesen hilft ihm dabei, geeignete Fragen zu entwickeln, die Annahmen über das System bestätigen oder widerlegen (vgl. Tomm 2009).

Beispiel
Eine Hypothese der Führungskraft in der Situation mit dem pedantischen Kunden könnte sein, dass es ein Stück gekränkter Stolz des Mitarbeiters ist, weil niemand

im Haus seine kreativen Ideen schätzt. Eine weitere Rolle könnte eine Rivalität mit dem stets anwesenden Verkaufsleiter sein.

Inhaltlich werden Hypothesen aus verschiedenen Quellen abgeleitet. Neben „externen" Informationen, die man von anderen Seiten erhält, sind die Hauptquelle für Hypothesen die Aussagen bzw. Kommunikationsmuster der betreffenden Personen. Ein erfahrener „Frager" wird dabei im Allgemeinen dem beobachteten Verhalten oder nichtverbalen (analogen) Daten und Eindrücken größere Bedeutung beimessen als offen verbalisierten Überzeugungen. Weitere Datenquellen für Hypothesen bilden das Erfahrungswissen des Fragenden mit ähnlich gelagerten Situationen sowie die allgemeine Theorie.

Welchem Zweck dient die Hypothesenbildung?

- Sie strukturiert das Gespräch und verleiht ihm eine stringente innere Dramaturgie,
- sie zwingt den Fragenden, sich auf bestimmte Themen zu fokussieren,
- sie verhindert zu große Sprünge und thematische Wechsel innerhalb einer Sequenz und
- sie dient der späteren Erklärung einer bestimmten Fragesequenz Dritten gegenüber.

Eine einzige widersprüchliche Antwort genügt in der Regel nicht, um eine Hypothese vollständig zu verwerfen. Gleichzeitig besteht natürlich immer die Gefahr, zu starr an einer bestimmten Hypothese festzuhalten, sodass man versucht, diese in den Gesprächspartner „hineinzufragen". „Erfolgreiche" Hypothesen sind oft nicht ‚linear kausal', sondern zirkulär; d. h., sie beziehen rekursive Wechselwirkungen mit ein.

Aktives Zuhören
Fragen ist ohne Zuhören nicht denkbar. Fragen und Zuhören gehören zusammen wie die beiden Hälften aus der Yin/Yang-Metapher. Aber Zuhören ist nicht gleich Zuhören.

Beim passiven Zuhören nimmt man das Gesagte zwar auf, gibt dem Gesprächspartner aber keine – oder eine vorschnell wertende – Rückmeldung. Dadurch bringt man eigene Sichtweisen ins Spiel. **Aktiv Zuhören** heißt hingegen, auf die Antwort des Gesprächspartners Bezug zu nehmen und ihn dafür weder zu tadeln noch zu korrigieren oder zu loben. Man sieht dabei von sich ab und wendet sich voll und ganz dem Gesprächspartner zu. Aktives Zuhören ist sowohl Grundhaltung als auch Technik.

Folgende Arten bzw. Techniken des aktiven Zuhörens lassen sich unterscheiden:

Nonverbale Aufmerksamkeitsreaktionen
Die „Hinwendung" zum Gegenüber drückt sich in der ganzen Körperhaltung, Mimik und Gestik aus. Durch kleine Signale wie Kopfnicken, Veränderung der Kopfneigung etc. wird dem Sender signalisiert, dass man ihm zuhört.

Verbale Aufmerksamkeitsreaktionen
Dies sind knappe Zuhörensbekundungen wie „hm", „ja", „ja, ja", „tja", „ach so" etc. Hier kommt es auf das richtige Maß an. Übertreibungen stören mehr, als sie helfen.

Nachfragen
Alle Fragen – sofern sie sich auf den Kontext bzw. das Gehörte, Gesagte oder Gemeinte beziehen – stellen im weiteren Sinne eine Form des aktiven Zuhörens dar.

Paraphrasieren
Unter einer Paraphrasierung versteht man die Wiederholung des Gesagten mit eigenen Worten. Man führt keine neue Information und/oder Wertung in die Situation ein, sondern versucht nur, den Inhalt der erhaltenen Botschaft mit eigenen Worten wiederzugeben.
Beispiel:
A: „Ja, und dann habe ich versucht, telefonisch Kontakt zu Herrn D. aufzunehmen, aber da ging keiner hin…"
B: „Sie konnten ihn telefonisch nicht erreichen?"

Verbalisieren
Man geht einen Schritt weiter und spricht vermutete Gefühle an.
Beispiel:
A: „Ja, und dann habe ich versucht, telefonisch Kontakt zu Herrn D. aufzunehmen, aber da ging keiner hin…"
B: „Das stresst Sie, hm?"
Durch die Benennung eines Gefühls wird der Sender auf der emotionalen Ebene „abgeholt". Gleichwohl: Man begibt sich hier auf das Feld der Deutungen und Interpretationen, und die können natürlich falsch sein.

Weiterführen

Der Antwortende schließt aus einer Vielzahl von Variablen (der Situation des Erzählers,…) auf ein mögliches Ende des Satzes und führt ihn fort. Beispiel:

A: „Ja, und dann habe ich versucht, telefonisch Kontakt zu Herrn D. aufzunehmen, und als nach vier Wochen endlich jemand ans Telefon ging…"

B: „… da haben Sie erfahren, dass der Herr D. in Urlaub ist."

A: „Ja, genau, noch bis Ende dieser Woche!"

Tipp: Verwenden Sie die Technik in vernünftigem Maße, nicht zu oft!

Zusammenfassen Das Zusammenfassen stellt eine Verbindung der zuletzt beschriebenen vier Techniken dar:Es integriert Nachfragen, Verbalisieren, Paraphrasieren und (ein möglichst geringes Maß an) Weiterführen zu einer Zusammenfassung des Gehörten.

Beispiele für Formulierungen von Zusammenfassungen:

* *„Also, wenn ich mal zusammenfassen darf: Sie haben also am… stimmt das soweit?"*
* „Darf ich die zentralen Punkte aus meiner Sicht nochmals zusammenfassen? Also…"

Wichtig ist, am Ende der Zusammenfassung sein Gegenüber aufzufordern, Stellung zur gegebenen Zusammenfassung zu beziehen.

Wie Sie die häufigsten Fragefehler vermeiden

Verallgemeinernd eignet sich die **Metapher eines Bogenschützen** gut zur Beschreibung einer gelungenen Frage:
Ein erfahrener Bogenschütze wird

- zuerst lange und bedächtig sein Ziel auswählen und anvisieren, bevor er den Pfeil spannt und loslässt (vgl. Hypothesenbildung).
- Anschließend wird er den Flug des Pfeils in Ruhe verfolgen.
- Ihm käme nie in den Sinn, sofort nach dem „Loslassen" des ersten Pfeils den nächsten einzuspannen und abzuschießen.
- Er wird vielmehr das Ergebnis abwarten – hier kommt das „aktive Zuhören" ins Spiel – und
- wenn es nicht seinen Erwartungen entspricht – wobei hier wiederum Aspekte der Neutralität und Nondualität eine Rolle spielen –,
- wird er beim nächsten Pfeil die Richtung korrigieren.

Aus der Vielzahl möglicher Fehlerquellen hier die wichtigsten, unterschieden nach Inhalt und Struktur:

Inhalt
Rhetorische Fragen sind noch am harmlosesten: Denn rhetorische Fragen sind Aussagen in Form von Fragen, welche der Fragende im gleichen Atemzug selbst beantwortet. Im „eigentlichen" Sinne stellen sie also keine Fragen dar.

Beispiel
„Was können wir nun tun? Also, ich schlage vor, dass wir als ersten Schritt..."
Diese Fragen stellen „normalerweise" ein **rhetorisches Stilmittel** dar und werden

© Springer Fachmedien Wiesbaden GmbH, ein Teil von Springer Nature 2021
A. Patrzek, *Systemisches Fragen*, essentials,
https://doi.org/10.1007/978-3-658-33148-1_14

gezielt in Reden vor Publikum eingesetzt. In Gesprächen haben sie de facto nichts zu suchen.

Bei **suggestiven Fragen** wird deren Antwort (un)bewusst vom Fragenden vorgegeben bzw. fast schon eingefordert. Maßgeblich dafür sind neben der Stimmführung Worte wie „doch", „etwa", „wahrscheinlich", „nicht etwa" etc.

Beispiel

„Sie meinen doch auch, dass die Restrukturierung sinnvoll war?" Man sollte diese Fragen unbedingt vermeiden oder nur in ganz wenigen Ausnahmefällen bewusst – und dann auch nur im positiven/humorvollen Sinn – verwenden.

Bei inquisitorischen oder demagogischen Fragen unterstellt der Fragende in manipulativer Absicht bestimmte Antworten.

Beispiel

„Aber Sie wissen doch genau, dass wir im Haus eine Dienstvorschrift haben, nach der das, was Sie getan haben, völlig unmöglich ist, oder?" Anwendung: Nie!

Struktur Dies bezieht sich nicht auf den Inhalt der Fragen, sondern auf deren Aufbau. Nachfolgend die vier häufigsten Fragefehler:

Zu lange Fragen Gesprächspartner werden abgelenkt, verwirrt und überfordert.
Mehrfachfragen Enthalten mehrere Fragen neben- oder nacheinander. Neben einer naheliegenden Verwirrung kann sich der Gesprächspartner aussuchen, auf welche Frage er antwortet.
Fragebombardements Durch pausenlos aneinandergereihte Fragen wird zu viel Druck ausgeübt, der Angesprochene kann kaum in Ruhe antworten.
Selbst beantwortete Fragen Diese Fragen sind in inhaltlicher Nähe zu suggestiven und rhetorischen Fragen: Im Geäst einer zu langen Frage beantwortet der Fragende die Frage indirekt selbst.
Hyperkomplexe Fragen *„Wenn das Projekt aufgrund spontan emergenter Koinzidenzen scheitern würde, wie sähe die Bewertung unserer Zusammenarbeit durch einen Kollegen des Chefs dem Marketingleiter unseres Kunden gegenüber – angelehnt an eine Grad-Kelvin-Skala, also von − 273 bis plus 100 Grad –, aus?"*

Statt eines Nachworts

15

Folgende zehn „Fragegebote" sollen Ihnen dabei helfen, besser systemisch zu fragen:

1. Bevor Sie eine Frage stellen: Reflektieren Sie Ihre Hypothese, warum und mit welchem Hintergrund Sie diese Frage stellen.
2. Formulieren Sie die Frage kurz und prägnant, am besten mit Sieben-Wort-Sätzen.
3. Formulieren Sie nur eine Frage je Satz.
4. Machen Sie Pausen beim Fragen – lassen Sie (sich) Zeit zum Nachdenken.
5. Eliminieren Sie suggestive und inquisitorische Fragen aus Ihrem Repertoire.
6. Bringen Sie gezielt Abwechslung in die Frageworte. Variieren Sie: was... welche... woran... wie... inwieweit... wodurch... wann... inwiefern... woher...
7. Achten Sie auf Ihre Stimme und Körpersprache.
8. Formulieren Sie hypothetische und zirkuläre Fragen.
9. Führen Sie durch skalierende Fragen Unterschiede ein.
10. Fragen Sie anknüpfend – d. h., nehmen Sie Bezug auf vorangegangene Aussagen.

© Springer Fachmedien Wiesbaden GmbH, ein Teil von Springer Nature 2021
A. Patrzek, *Systemisches Fragen*, essentials,
https://doi.org/10.1007/978-3-658-33148-1_15

Was Sie aus diesem essential mitnehmen können

- Eine theoretische Einführung zum Verständnis der Hintergründe systemischen Fragens
- Eine Systematik zur Differenzierung der verschiedenen Fragearten
- Eine Vielzahl hilfreicher Tipps zur praktischen Anwendung
- Eine psychologische Fundierung der Anwendung auf persönlicher Ebene
- Eine persönliche Sensibilisierung für möglicher Fragefehler im individuellen Frageverhalten

© Springer Fachmedien Wiesbaden GmbH, ein Teil von Springer Nature 2021   75
A. Patrzek, *Systemisches Fragen*, essentials,
https://doi.org/10.1007/978-3-658-33148-1

Literatur

Albrecht, C., & Perrin, D. (2013). *Zuhören im Coaching.* Berlin: Springer.

Bateson, G. (1982). *Geist und Natur. Eine notwendige Einheit.* Frankfurt: Suhrkamp.

Grochowiak, K., & Heiligtag, S. (2002). *Die Magie des Fragens.* Paderborn: Junfermann.

Kritz, J. (2016). *Systemtheorie für Coaches.* Berlin: Springer.

Marqzardt, M. J. (2014). *Leading with questions.* San Franzisko: Jossey-Bass.

Maturana, H. R., & Varela, F. J. (1984). *Der Baum der Erkenntnis.* Bern: Goldmann.

O'Conner, J., & Seymour, J. (1993). *Neurolinguistisches Programmieren.* Freiburg i. B.: VAK.

Patrzek, A. (2015). *Fragekompetenz für Führungskräfte.* Wiesbaden: Springer Fachmedien.

Patrzek, A. (2007). Coaching-Tools. In C. Rauen (Hrsg.), *zwei Kapitel zum Thema Fragekompetenz.* Köln: Verlag Manager Seminare.

Patrzek, A. (2008). Die Macht der Fragen. *Manager Seminare, 02,* 28–33.

Patrzek, A. (2008). *Wer das Sagen hat sollte reden können.* Paderborn: Junfermann.

Patrzek, A., & Scholer, S. (2018). *Systemisches Fragen in der Kollegialen Beratung.* Weinheim: Beltz.

Pfeifer, T. (2004). *Das zirkuläre Fragen als Forschungsmethode der Luhmannschen Systemtheorie.* Heidelberg: C. Auer.

Pinnow, D. (2011). *Unternehmensorganisation der Zukunft.* Erfolgreich durch systemische Führung. Frankfurt: Campus

Radatz, S. (2003). *Beratung ohne Ratschlag.* Wien: Verlag Systemisches Management.

Schlippe, A., & Schweitzer, J. (1997). *Lehrbuch der systemischen Therapie und Beratung.* Göttingen: Vandenhoeck & Ruprecht.

Schmidt, G. (2002). *DVD-Vortragsreihe: Die Integration von hypnotherapeutischen Ansätzen in systemische Konzepte.* AudiTorium: Mühlheim.

Shazer, S. (1999). *Der Dreh.* Heidelberg: Auer.

Simon, F. B., & Rech-Simon, C. (1999). *Zirkuläres Fragen.* Heidelberg: Carl-Auer-Systeme.

Steiger, T. M., & Lippmann, E. (2013). *Handbuch angewandte Psychologie für Führungskräfte.* Berlin: Springer.

Szabò, P., & Berg, I. K. (2006). *Kurz(zeit)coaching mit Langzeitwirkung.* Basel: Borgmann.

Tomm, K. (2009). *Die Fragen des Beobachters.* Heidelberg: Carl Auer.

© Springer Fachmedien Wiesbaden GmbH, ein Teil von Springer Nature 2021
A. Patrzek, *Systemisches Fragen*, essentials,
https://doi.org/10.1007/978-3-658-33148-1

Internet

Auf der Website www.questicon.de des Autors finden interessierte Leser weiterführende
Informationen in Form von Podcasts, Textdokumenten, Übungen etc. zu den Themen
Systemisches Fragen und Allgemeine Fragekompetenz.

Printed in the United States
by Baker & Taylor Publisher Services